동네 언니,
정치하러 갑니다

동네 언니,
정치하러 갑니다

한숙경 지음

sphere**in**

사랑하는 나의 딸들,
그리고 이 땅의 청년들에게

| 차례 |

미용인에서 정치인이 된,
동네 언니 이야기

정치인이 되어야겠다고 생각한 적은 없었다. 정치는 교과서나 뉴스 속 이야기일 뿐, 내 삶과는 거리가 먼 일이라 여겼다.

나는 미용인으로 사회에 첫발을 내디뎠다. 미용실에 찾아오는 사람들은 손님이자 이웃이었다. 그들의 머리를 만지며 마음을 읽었고, 거울에 비친 얼굴에서 기쁨과 슬픔, 기대와 체념을 느꼈다. 정치를 배우기 훨씬 전부터 나는 사람들의 사정을 듣고, 함께 고민하며 살아왔다. 그래서인지 지금도 나에게 정치는 멀고 딱딱한 말이 아니라, 일상 구석구석에 스며 있는 삶의 일부분처럼 느껴진다.

열아홉 살, 성공하겠다는 일념 하나로 사회에 나섰다. 미용학원을 졸업하자마자 취직은 했지만, 손님 앞에 서기엔 실력이 터무니없이 부족했다. 일과가 끝난 뒤에도 밤늦게까지 가족과 친척들의 머리를 자르고, 수없이 많은 가발을 다듬었다. 그건 단순한 연습이 아니라 '살기 위한 몸부림'이었다. 실전을 통해 배웠고, 현장이 내 교과서였다.

스물두 살에는 15평짜리 작은 미용실을 열었다. 배포 있게 시작은 했지만, 설렘보다 '내가 과연 잘할 수 있을까' 하는 두려움이 더 컸다. 남의 그늘에서 일하는 것과 내가 사장이 되어 하나부터 열까지 전부를 책임지는 것은 전혀 다른 일이었다. 장사가 잘될 때도, 손님이 없어 한산할 때도 나는 매일 같은 시각에 문을 열고 닫았다. 기술보다 더 중요한 건 한결같은 마음과 성실함, 그리고 정직한 태도라고 믿었기 때문이다. 다행히 입소문이 나기 시작했고 손님도 점점 늘었다.

사람들은 미용실에 와서 단지 머리만 맡기는 게 아니었다. 소소한 가족 이야기를 비롯해 일상의 근심과 마음속 고민까지 털어놓았다. 미용실은 어느새 머리를 다듬는 공간을 넘어, 삶의 애환을 나누는 작은 쉼터가 되었다. 누군가는 억울한 일을 하소연했고, 누군가는 아이의 미래를 걱정했다. 먹을 것이 있으면 작은 것도 나누어 먹었고, 좋은 소식을 들으면 내 일처럼 함께 기뻐했다.

머리를 다듬는 동안, 나는 사람의 마음을 읽고 보듬는 법도 같이 배웠다. 그 과정에서 기술만큼이나 관계 또한 중요하다는 사실을 깨달았다. 그래서일까, 언제부턴가 나는 단순히 머리를 다듬는 기술자가 아니라, 사람의 마음을 어루만지는 사람이 되고 싶었다.

결혼하고 아이를 낳은 뒤엔, 워킹맘으로 사는 일이 얼마나 벅찬지 온몸으로 느꼈다. 그래서 일과 육아를 함께 해내는 여성들을 보면 늘 존경심이 들었고, 그들을 위해 내가 할 수 있는 일이 무엇일지 자주 고민했다.

열심히 일한 덕분에 분점을 여러 개 내고, 미용 아카데미도 운영하며 사업 규모를 키워 갔다. 경희대학교 외래 교수로 초빙받는 등 외부 강의도 많아졌다. 숨 돌릴 틈 없이 바쁜 나날이었지만, 마음 한구석엔 늘 걸리는 일들이 있었다. 누군가를 돕는 일이었다.

학업을 중단한 아이, 가정폭력을 피해 온 여성, 미혼모, 기술을 배우고 싶어 찾아온 다문화 여성. 그들의 절박함이 낯설지 않았다. 나 역시 절실한 마음으로 기술을 배웠고, 기술 하나로 삶을 버텨 왔기 때문이다. "확실한 기술 하나만 갖고 있으면 어떻게든 먹고 살 수 있다." 그 믿음으로, 내가 가진 기술을 아낌없이 나누어 주었다. 함께 밥을 먹고, 울고 웃으며 그들의 삶에 조금이라도 힘이 되고자 했다.

오갈 데 없는 사람들을 집에 데리고 와 함께 살기도 했다. 급히 머물 곳이 필요한 이들을 위해 늘 방 하나를 비워 두었다. 미용대회에 데리고 나가고, 자격증 시험장을 함께 다니며, 사방으로 취업 자리를 알아봐 주었다. 고되고 힘들지만 그만큼 보람도 컸다.

그러던 어느 날, 전혀 예상하지 못한 벽에 부딪혔다. 그들에게 기술을 전하고, 일자리를 만들어 주기 위해 동분서주했건만 법이 말하는 현실과 내가 몸으로 겪은 현장은 달랐다. 배신감, 억울함, 슬픔, 그리고 끝없는 자책이 밀려왔다. 그때 처음으로 깨달았다. 아무리 열심히 살아도, 누군가를 돕는 마음이 간절해도, 제도가 받쳐 주지 않으면 고통은 반복된다는 사실을.

법을 알고 싶었다. 법을 바꿀 수 없다면 내가 법을 만드는 사람이 되자고 결심했다. 현장에 필요한 제도를 만들고 싶었다. 그렇게 멀리 있던 '정치'가 내 삶의 중심으로 성큼 다가왔다. 정치를 하기로 결심한 건 누군가에게 배워서도 아니고, 누가 시켜서도 아니다. 내가 살아온 삶이 나를 정치로 이끌었다. 내가 직접 경험한 문제들을 제도 안에서 해결하고 싶었다. 말이 아니라 실제로 사람을 살릴 수 있는 시스템을 만들고 싶었다.

정치인이 되었다고 삶이 크게 달라진 건 아니다. 어깨에 힘주고 권위를 내세울 일도 없다. 여전히 나는 무거운 '정치인'보다 살갑고 가까운 '동네 언니'로 불리는 게 편하다. 책상보다 현장을 믿고, 통계보다 각각의 상황과 현장에 있는 사람들의 얼굴을 신뢰한다. 그래서 정책을 세울 때도 내가 만났던 사람들의 얼굴을 떠올린다. 그들이 들려준 말, 참다못해 흘린 눈물, 포기하지 않던 표정. 정책을 통해 그들의 삶을 더 낫게 만들겠다는 굳은 약속, 그것이 바로 내 정치의 출발점이다.

정치는 소금과 같다. 소금이 많으면 짜고 적으면 밋밋하지만, 적절히 스며들면 재료 본연의 맛을 살린다. 정치도 그렇다. 적절한 정책이 삶 곳곳에 스며들면 어제의 고통이 오늘의 희망이 되고 메말랐던 일상에 다시 숨이 돈다. 그야말로 '살맛 나는 세상'이 되는 것이다.

중요한 정책을 앞두고 "그건 안 돼, 할 수 없어. 너무 어려워"라는 말을 들을 때도 많았다. 그러나 나는 포기하지 않았다. 꼭 필요한 일이라면, 어떻게든 방법을 찾았다. 새벽까지 안건을 붙들고 씨름하며 신발 밑창이 닳도록 현장을 뛰었다. 각계각층의 사람을 만나 이야기를 듣고 해결책을 모색했다.

오랜 시간 변하지 않는 소금처럼, 다양한 재료 안에 뿌려져 서서히 맛을 내는 소금처럼, 수많은 시행착오 속에서도 함께하는 사람들의 마음에 우리의 노력과 열정이 헛되지 않다는 마음이 스며들길 바랐다. 그렇게 소금 결정 같은 한 알 한 알의 노력이 모여 세상의 맛을 바꾸고 현장의 감도를 높이는 것, 그것이 내가 정치를 하는 이유다.

이 책은 거창한 정치 철학이나 정책 이론을 담고 있지 않다. 내가 걸어온 삶의 장면들과 지금까지 스스로 지켜 온 일들 그리고 앞으로 지켜 나갈 약속들을 기록했다. 내가 어떻게 살아왔고, 왜 정치를 하게 되었는지, 지금 무엇을 고민하고 있으며, 앞으로 무엇을 하고 싶은지를 담은 이야기다.

내 이야기가 혹시라도 자랑처럼 느껴질까 봐 책을 쓰는 일을 오랫동안 망설였다. 그러나 내 삶의 경험이 누군가에겐 희망과 위로가 될 수 있다는 말에 용기를 냈다. 서툴고 미숙한 부분도 가끔 눈에 띈다. 생각이 덜 익은 부분도 많이 보인다. 아직 답을 찾지 못해 질문으로 남은 대목도 있다. 유려한 문체로 멋진 이야기를 쓰려고 이 책을 시작한 게 아니니 부디 너그럽게 읽어 주시길 바랄 뿐이다.

시간이 지날수록 나는 정치의 매력을 더 깊이 느낀다. 훌륭한 정치인은 아니지만, 어려운 상황에 놓인 사람들에게 기회를 주고 싶은 마음, 내 아이들과 이웃을 위해 더 나은 환경을 만들고 싶은 마음은 변함 없다.

이 책의 끝자락에 도달했을 때, 당신이 정치와 조금 더 가까워지면 좋겠다. 만약 당신이 누군가를 위해 속상한 적이 있다면, 누군가를 위해 화를 낸 적이 있다면, 누군가를 위해 행동한 적이 있다면, 이미 정치의 한가운데에 서 있는 것이다. 우리에겐 아직 더 많은 정치가 필요하고, 더 많은 현장이 기다리고 있다. 다음엔 당신이 정치하러 가는 '동네 오빠', '동네 언니'가 되어 주기를!

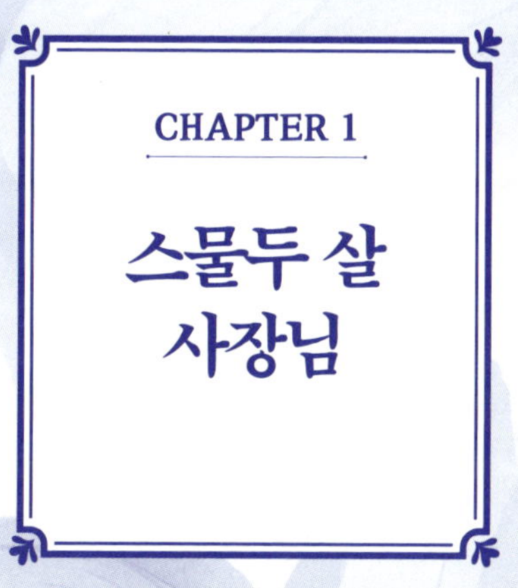

"초보 시절의 가장 큰 배움은 기술이 아니라 마음가짐이었다.
약속을 지키는 습관이 신뢰를, 반복을 견디는 힘이 실력을,
실수를 인정하는 용기가 다음 기회를 만들어 주었다.
그 작은 디딤돌들이 모여 내 길이 되었다.
나는 특별한 사람이 아니었다. 단지 포기하지 않는 사람이었다."

포기하지
않는 마음

앞으로 뭘 해서 ———
먹고살지?

실업계 고등학교 3학년이 되었을 무렵, 처음으로 그런 고민이 들었다. 공부엔 뜻이 없었고 특별한 기술도, 재능도 없었다. 그저 '한숙경'이라는 평범한 한 사람일 뿐이었다. 특별히 하고 싶은 일이 있었다면 덜 막막했겠지만, 내게는 그런 확신조차 없었다.

"우리 딸, 건강하고 행복하면 됐다."

어머니는 늘 이렇게 말씀하셨다. 공부 잘하라는 말 대신 행복하라는 말. 덕분에 성적의 굴레에서 벗어나 친구들과 마음껏 어울렸고, 위축되거나 두려워할 일도 없었다. 그러나 졸업이 다가오자 현실은 냉정했다. 당장 먹고살 길이 막막했다. 할 줄 아는 게 없다는 사실이 그렇게 무겁게 느껴질 줄은 몰랐다.

그 무렵, 나는 동네 한의원에서 현장 실습을 했다. 출근하자마자 한약 포장 상자를 뜯고, 한약 봉투에 이름표를 붙이고, 탕전기를 돌렸다. 손에 쥐어지는 건 없었지만, 손은 늘 무언가를 붙잡고 있었다. 약재 냄새가 몸에 밸 만큼 바빴고, 손에는 진한 한방차 얼룩이 늘 남아 있었다. 바쁘고 힘들었지만 누군가 "수고했어요", "고마워요"라며 미소를 지을 때면 그 말 한마디가 하루의 피로를 덜어 주곤 했다.

'아, 누군가에게 도움이 되고 있구나.'

그 기분이 괜찮았다.

같은 건물 다른 층에서 일하던 친구는 미용실 실습생이었다. 매일 아침 복도에서 마주칠 때면 "출근 잘했어?", "오늘도 수고해" 같은 인사를 주고받았다. 인사말은 늘 같았지만, 친구의 표정은 점점 달라졌다. 그는 실습하면서 기술을 배우고, 자격증을 준비해 언젠가는 자기 이름을 내건 미용실을 열고 싶다고 했다. 말끝은 단단했고, 눈빛은 반짝였다. 나는 하루를 버티며 일했고, 그는 내일을 준비하며 살고 있었다. 같은 시간, 같은 공간에 있었지만 방향은 달랐다. 솔직히 친구가 부러웠다. 친구의 내일이 선명해 보일수록 나의 오늘은 더 흐릿했다.

'나도 지금과는 다르게 살 수 있지 않을까?'

그 생각이 들자 가슴이 뛰었다.

다시 ——— 시작해 보자

사실 나는 예전에 미용을 공부한 적이 있었다. 지금 돌아보면 내 인생의 방향을 바꾼 첫 번째 갈림길이었다. 시작은 엄마의 조언에서 비롯되었다.

"나는 미용을 너무 하고 싶었는데 못 했어. 기술 하나만 확실히 있으면 먹고살 걱정은 안 해도 돼. 엄마는 못 했지만, 너는 해 봐."

엄마의 말은 따뜻하면서도 묘하게 무거웠다. '기술'이라는 단어 속에는 어른들의 현실과 엄마의 아쉬움이 함께 담겨 있었다. 내가 무엇을 좋아하는지 확신할 순 없었지만 그래도 '일단 한번 해 보자'는 마음으로 미용학원에 등록했다. 시작하지 않으면 아무것도 알 수 없으니까.

처음 가위를 잡았던 날의 감각이 아직도 또렷하다. 차갑고 묵직한 금속이 손바닥 안에서 미끄러지듯 움직였다. 실습용 가발이었지만, 손끝에 닿은 머리카락은 살아 있는 사람의 체온처럼 느껴졌다. 조금만 힘을 잘못 주면 날카로운 가윗날에 상처 입을 것 같아 조심스러웠다.

손끝은 뻣뻣했고, 머리카락은 내 뜻대로 움직이지 않았다. 거울 속의 나는 낯선 옷을 억지로 입은 사람 같았다.

"미용은 나랑 안 맞아."

결국 몇 달을 버티지 못하고 그만두었다.

그런데 이상하게도 끝났다고 생각한 미용은 내 마음에서 완전히 사라지지 않았다. 매일 아침 출근길에서 마주치던 친구 덕분이었다. 반짝이는 눈빛으로 "오늘도 연습하러 가"라던 친구의 모습이 유난히 빛나 보였다.

같은 나이, 같은 시간 속에서 그는 한 걸음씩 앞으로 나아가고 있는데, 나는 제자리에 멈춰 서 있는 것만 같았다. 마음 한구석이 초조하게 달아올랐다. 처음엔 단순히 부럽다는 감정이었지만, 시간이 갈수록 그 부러움은 나를 향한 질문으로 바뀌었다.

"나는 왜 한번 해 본 것으로 끝내 버렸을까?"

그 질문이 머릿속에서 떠나지 않았다.

결국 나는 결심했다. 다시 시작하자고. 단 한 번의 실패가 내 인생을 결정짓게 내버려두지 말자고. 이번엔 엄마의 권유나 주변의 시선 때문이 아니라, 내 스스로 내린 선택이었다.

한의원에서 일하며 번 돈을 차곡차곡 모았다. 하루하루 힘들었지만, 그 돈을 모으는 동안 마음속엔 작은 불씨가 자라고 있었다. 단순히 돈을 모으는 것이 아니라 다시 시작할 힘을 모으는 시간이었기 때문이다. 그동안 모은 돈을 손에 쥐고 다시 미용학원을 찾았다. 등록서를 쓰며 다짐하듯 글자를 꾹꾹 눌러 적었다.

"이번에는 끝까지 해 보자."

예전처럼 중간에 포기하고 싶지 않았다. 결과가 어떻든 이번만큼은 내 힘으로 끝까지 가 보고 싶었다.

다시 학원 문을 열고 들어섰을 때, 익숙한 냄새가 나를 맞았다. 샴푸 냄새, 파마약 냄새, 젖은 수건의 냄새, 그리고 분주히 움직이는 사람들의 공기. 모든 게 예전과 같았지만, 이번엔 다르게 느껴졌다. 부담스럽고 무겁게만 느껴졌던 공기가 이상하리만큼 따뜻하고 생기 있었다. 달라진 건 학원이 아니라 내 마음이었다.

가위를 잡은 손끝은 여전히 서툴렀지만, 그 서투름이 부끄럽지 않았다. 실수할 때마다 "괜찮아, 다시 해 보자"라고 스스로를 다독였다. 기술을 배우는 일은 손의 훈련이 아니라 마음의 훈련이었다. 한 올 한 올 머리카락을 자를 때마다, 내 안의 두려움과 미숙함도 조금씩 잘려 나갔다. 나 스스로 증명해 보이고 싶었다. 도망치지 않고 끝까지 해낼 수 있다는 걸, 한 번의 실패로 멈추지 않는 내가 될 수 있다는 걸.

지금 돌아보면 그때의 결심이 내 인생의 방향을 완전히 바꾸었다. 미용은 단순한 기술이 아니었다. 그것은 내 가능성을 증명한 첫 번째 언어였고, 나를 다시 일으켜 세운 힘이었다. 손끝에서 시작된 변화는 내 삶 전체를 움직였고, 그 경험들은 지금의 나를 만든 뿌리가 되었다.

엄마의 말에서 시작한 일이었지만, 결국 나의 선택으로 이어진 이 여정은 하나의 진실을 가르쳐 주었다. 삶을 바꾸는 건 거창한 계획이 아니라, 다시 시작할 용기에서 비롯된다는 것을. 한 번 더 도전하기로 결심하고 묵묵히 걸어간 순간, 낯설고 서툴던 가위가 손에 익듯, 어느새 삶도 익숙해지기 시작했다.

가발과 거울의 밤들

학원 수업이 끝나면 가장 먼저 가발부터 챙겼다. 아무렇게나 넣어 엉키지 않게, 빗질을 곱게 한 뒤 조심스레 가방에 넣었다. 가방 안에는 단순한 연습용 가발이 아니라 내 하루의 노력과 다짐이 들어 있었다.

집에 돌아오면 식탁을 치우고 그 위에 거울을 세워 두었다. 식탁은 금세 나만의 작은 미용실로 변했다. 삼각대 위에 가발을 고정하면 마치 진짜 고객이 앉아 있는 것 같았다. 보는 사람도 없고, 눈을 마주칠 사람도 없었지만 가위를 든 손이 덜덜 떨렸다. 비록 가짜 머리카락이지만, 그 앞에 서 있는 나는 진심이었다.

머리를 어떻게 잘라야 할지, 어디서부터 시작해야 할지 감조차 잡지 못했다. 머리카락이 무겁게 아래로 늘어져 있으면 막막함이 밀려왔다. 왼쪽을 조금 잘랐더니 오른쪽이 어색했고, 오른쪽을 맞추다 보니 전체가 엉망이 돼 버렸다. 손끝의 작은 실수가 모양 전체를 망친다는 걸 그때 처음 알았다.

"도대체 왜 안 되지?"

거울을 바라보며 혼자 중얼거릴 때도 많았다. 단 한 올의 머리카락도 마음대로 다룰 수 없다는 사실이 초라하게 느껴졌다. 거울 속의 나는 미용사가 아니라, 무언가를 흉내 내는 사람 같았다. 스스로에게 화가 나고, 자꾸만 작아지는 마음을 다잡기가 쉽지 않았다.

주변에는 손재주가 뛰어난 친구들도 있었다. 마치 오래전부터 이 일을 해온 사람처럼 가위를 자유자재로 다루며 동작 하나하나가 모두 자연스러웠다. 그런 친구들을 볼 때마다 나는 한없이 느리고 둔한 사람처럼 느껴졌다. 게다가 강사의 말이 내 마음에 비수를 꽂았다.

"너 진짜 똥손이다. 감이 없어도 이렇게 없냐."

그 말이 어찌나 서럽던지, 참았던 눈물이 터져 화장실로 달려갔다. 가발을 물에 빡빡 문질러 씻으며 서러움을 쏟아 냈다. 그러고는 눈물을 닦고 다시 자리로 돌아갔다. 이상하게도 포기하고 싶지 않았다.

손목은 매일 아팠고, 목과 허리는 늘 뻐근했다. 앉은 채로 몇 시간씩 머리카락을 자르고 염색제를 바르고 말리다 보면 다리가 저려 감각조차 느껴지지 않았다. 하지만 "그만두자"는 생각은 단 한 번도 하지 않았다. 지금은 서툴지만 잘하고 싶은 마음, 끝까지 해 보고 싶은 마음이 나를 붙잡았다.

연습은 매일 똑같았다. 손가락의 움직임도, 가위의 소리도, 가발의 질감도. 그러나 감정은 매번 달랐다. 어떤 날은 "오늘은 뭔가 해낸 것 같다"는 기분이 들었다. 내가 원하는 모양대로 머리카락이 잘려 나가고, 거울 속의 스타일이 조금씩 완성될 때면 마치 내 손에 날개가 달린 듯했다. 조금만 더 하면 내 가게를 차릴 수 있겠다는 생각에 세상이 다르게 보였다.

하지만 모든 게 무너지듯 상심에 빠진 날도 있었다. 내 뜻대로 손이 움직이지 않고, 아무리 연습해도 진전이 없는 듯했다. "나는 재능이 없는 걸까?"라는 의문이 머릿속을 떠나지 않았다. 가위를 든 내 손이 너무 평범하고 둔해 보여 한숨이 절로 나왔다. 특출난 손재주와 감각을 가진 사람도 많은데, 그 안에 내 자리는 없는 듯했다. 연습실에 앉아 있는 내 모습이 초라해 보였고, 거울을 보는 것조차 힘든 날도 있었다.

그럼에도 매일 학원에 가는 일만은 멈추지 않았다. 매일 같은 시간, 같은 자리에 가위를 들고 앉았다. 아무도 시키지 않았지만 내 자리라고 정한 그곳을 지켰다. 실패와 좌절이 마음을 휘감아도 연습을 멈추지 않았다. 그것만큼은 누구도 대신해 줄 수 없는 내 몫이었다.

기술을 배우는 일은 단지 손을 훈련하는 과정이 아니라 마음을 단련하는 과정이었다. 포기하고 싶은 순간마다 마음을 다잡았다. 남들과 비교해 흔들리는 날에도 내 속도를 믿어야 했다. 어제보다 오늘 조금이라도 나아졌다는 사실 하나로 스스로를 다독이며, 다시 가위를 들었다.

잘하고 싶은 간절함, 언젠가는 나도 할 수 있을 거라는 다짐, 어제보다 조금 더 나아진 오늘을 만들었다는 믿음. 그 마음들이 있었기에 매일 그 자리에 앉을 수 있었다. 손끝이 서툴러도, 몸이 힘들어도, 그 마음 하나만큼은 흔들리지 않았다.

그 시절의 연습은 단순히 미용 기술을 익히는 시간이 아니었다. 나를 단련하는 시간, 포기하지 않는 법을 배우는 시간, 내 안의 가능성을 한 올씩 꺼내는 시간이었다. 머리카락을 자르고 또 자르는 그 반복 속에서 나는 '기술'보다 더 큰 것을 배우고 있었다. 바로 "한 번 포기했다고 해서 모든 것이 끝나는 건 아니다"라는 진실이었다.

미용실인 줄 알았는데 ──────
다단계 판매장이라니

자격증을 따고 학원을 졸업할 무렵, 나는 곧장 현장으로 뛰어들 준비가 되어 있었다. 모르면 배우고, 서툰 부분은 시간을 들여 차근차근 익히고, 그래도 부족한 건 끈기 있게 해 나가면 된다고 생각했다. 기술은 햇병아리에 불과했지만, 패기만큼은 30년 경력의 미용실 원장님 못지않았다.

그러나 종이에 적힌 정답을 맞히는 일과, 사람의 머리카락을 내 손으로 바꾸는 일은 전혀 다르다는 사실을 알기까지는 오래 걸리지 않았다. 머릿속에 각도와 순서를 줄줄 외워도, 실제 손은 낯설고 느렸다. 첫 출근을 앞둔 며칠 동안, 나는 밤마다 거울 앞에 섰다.

"어서 오세요."

"불편하신 점은 없으셨어요?"

손님에게 인사하고 대화하는 법을 연습하다 보면, 내 목소리의 떨림이 귀에 먼저 잡혔다. 가위와 빗을 쥐고 공중에서 각도를 그려 보고, 샴푸 순서를 되뇌다가 그대로 잠들기도 했다. 눈을 감으면 샴푸 거품이 파도처럼 번지고, 손끝이 미끄러지는 감각이 꿈결처럼 따라왔다.

"이제 진짜 시작이구나."

기대와 두려움이 줄다리기하던 밤, 이불 속에서 손가락을 오므리다 펴기를 반복하며 마음을 다잡았다.

2년 정도 일했을 때 새로운 기회가 찾아왔다. 중학교 동창이 서울에 좋은 자리가 있다면서 연락을 해 온 것이다. 나는 주저 없이 서울행 차표를 끊었다. 서울역에 내리자 높은 건물이 한눈에 들어왔다. 바쁘게 지나가는 사람들, 세련된 옷차림, 화려한 네온사인을 보며 '도시인'으로 살아가는 멋진 삶을 그려 보았다.

그런데 친구와 함께 간 곳은 내가 상상하던 미용실이 아니었다. 낯선 사무실 안, 형광등 아래 번들거리는 책자와 신청서들. 그리고 빠른 말투의 사람들이 짓는 형식적인 미소가 어색했다. 어느 순간 메고 있던 가방마저 빼앗겼다.

"지금 서명하시면 기회가 커집니다."

"망설이는 사이에 자리가 없어져요."

혼란스러웠다. 친구의 권유와 사람들의 압박감에 펜을 쥔 손 끝이 잠시 흔들렸다. 등 뒤로 둥근 원을 그리며 포위하듯 몰려드는 사람들 사이에서, 내 심장은 더 빠르게 뛰었다. 그 순간, 내 안에서 경고음이 울렸다.

'잠깐, 멈춰! 이건 아니야. 여기서 빨리 나가야 해!'

그곳은 말로만 듣던 다단계 판매장이었다. 그걸 깨달은 순간, 서류를 내미는 손길 사이로 조용히 몸을 뺐다.

"제가 생리 중인데, 가방 좀 주실 수 있을까요? 잠깐 화장실에 좀 다녀올게요."

그들은 잠시 눈짓을 주고받더니 한 명이 나를 데리고 나갔다. 도착한 곳은 건물 옥상이었다. 문을 열자, 눈앞에 믿기 힘든 광경 이 펼쳐졌다. 수백 개의 가방이 산더미처럼 쌓여 있었다. 그곳에 내 가방도 있었다. 심장이 쿵쾅거렸다. 가방을 챙겨 들고 옥상을 나오자마자 미친 듯이 뛰기 시작했다. 엘리베이터를 타면 붙잡힐 수 있다는 계산이 번개처럼 스쳤다. 망설임 없이 계단을 향해 달렸 다. 계단을 두세 칸씩 내달리며 숨이 목까지 차올랐지만 죽어도 멈 출 수 없었다.

'지금 잡히면 끝이야.'

그 생각 하나로 달렸다. 내가 도망쳤다는 걸 눈치챈 사람들이 금세 내 뒤를 쫓기 시작했다. 열 명 남짓 되는 사람들이 계단을 달려 내려왔다. 발소리가 점점 가까워지자, 공포와 아드레날린이 동시에 치솟았다. 몇 층을 뛰어내렸는지도 모르겠다. 온몸이 쿵쾅거리고 다리가 후들거렸지만, 멈출 수가 없었다.

결국 건물 밖으로 뛰쳐나왔다. 몇 미터를 더 달렸을 때 숨이 가빠 속도가 느려졌다. 더 이상 뛸 힘도 없었다. 다행히 거리에는 행인들이 많았다. 쫓아오던 사람들도 발을 멈추고 멀찍이서 나를 바라보고 있었다. 그들 중에 나를 데려온 친구도 있었다. 친구가 나에게 다가오며 다급하게 소리쳤다.

"숙경아, 잠깐만! 내 말 좀 들어 봐!"

"됐어. 도대체 나한테 왜 이런 짓을 한 거야?"

화가 나서 목소리가 부들부들 떨렸다. 진심으로 믿었던 친구였는데 나를 이런 곳에 데려오다니. 화가 쉽게 가라앉지 않았다. 친구는 내 앞에서 손을 내저으며 말했다.

"아니야, 그런 거 아니야. 진짜 널 성공시켜 주고 싶어서 그런 거야. 제발 믿어 줘."

그 말이 더 허탈했다. 다단계 판매장이라니. 나는 미용 기술을 배우러 왔지, 물건을 팔러 온 게 아니었다. 친구의 말은 들리지 않았다. 하지만 우정이 뭔지, "제발 마지막으로 한 번만 내 말을 들어줘"라는 친구의 간곡한 말을 뿌리치지 못하고 근처 커피숍으로 향했다. 그곳까지 따라온 열 명 가까운 사람들이 나를 둘러싼 채 자리에 앉았다. 매니저가 다가와 주문을 받았지만, 그들 중 누구도 차를 시키지 않았다. 마치 협박처럼 느껴지는 침묵 속에서 나만 혼자 목이 말라 오렌지 주스를 벌컥벌컥 마셨다.

"나는 이런 곳인 줄 몰랐어. 미용을 배우러 온 거지 다단계 하러 온 게 아니야."

나는 단호히 말했다. 친구는 여전히 "너를 위해서"라며 설득하려 했지만, 내 마음은 더 이상 흔들리지 않았다. 그 자리에서 친구와 절교를 선언하고, 그들을 뒤로한 채 자리를 박차고 나왔다.

내 손으로, 내 기술로 다시 서자

기차가 출발하기를 기다리는 동안에도 심장이 멈추지 않았다. 기차가 서서히 출발하고 몇십 분이 지나서야 겨우 등받이에 몸을 기댔다. 뒤늦게 교육장에서 내 옆에 앉아 있던 제주도에서 왔다는 내 또래 아이가 떠올랐다. 아무것도 모른 채 순진한 얼굴로 앉아 있던 모습이 마음에 남았다. 잠깐의 인연이었지만 그를 두고 나온 게 계속 마음에 걸렸다.

"내가 구해 줘야 했을까?"

자책이 밀려왔지만, 그때의 나는 도망치는 것 말고는 방법이 없었다. 유리창에 내 얼굴이 어둠과 겹쳐 비쳤다. 도시의 불빛이 선처럼 끊어졌다 이어지며 마음속 '상처'라는 이름에 밑줄을 그었다. 멍한 채로 창밖을 바라보다가 눈을 감았다. 잠시 후, 다시 눈을 뜨고 창에 비친 나를 보며 천천히 말했다.

"요행은 없어. 내 손으로, 내 기술로 서자. 집에 돌아가서 차근차근 다시 하는 거야. 나는 꼭 성공할 거야."

몇 번이고 같은 말을 반복했다. 억울함과 허탈함이 한꺼번에 올라왔지만, 기차가 풍경을 뒤로 밀면서 앞으로 나아갈수록 친구에 대한 실망과 원망도 점점 사라졌다. 그보다 스스로 그곳에서 빠져나왔다는 안도감이 더 컸다. 누군가 정해 준 자리가 아니라, 내가 스스로 고른 바닥에 두 발을 딛겠다는 결심. 그날의 탈출은 겁을 먹은 후퇴가 아니라, 내 일의 좌표를 스스로 찍은 첫 선택이었다.

'꼭 서울에서 성공해야 하는 건 아니야. 우리 동네에서 성공하

는 것을 보여 주자.'

집으로 돌아오는 동안, 나는 마음속에 지도 하나를 그렸다. 어디에서, 무엇부터 다시 시작할지 스스로 결정한 순간이었다. 화려한 간판 대신 생생하게 살아 있는 현장, 번지르르한 말 대신 손의 정직함, 우연을 가장한 욕심 대신 내 손으로 만든 성공을 일구고 싶었다.

하루 만에 나는 세상을 완전히 다르게 보게 되었다. 믿었던 사람도 달라질 수 있고, 안전하다고 생각했던 곳도 위험할 수 있다는 것을 배웠다. 또한 두려움과 절망 속에서도 나를 지킬 힘은 결국 내 안에서 나온다는 것을 깨달았다. 엘리베이터 대신 계단을 뛰어 내려가던 그 순간, 나는 다시는 누군가의 말에 휘둘리지 않겠다고, 내 삶의 주도권은 내가 갖겠다고 다짐했다.

서울의 형광등 아래에서 밀려왔던 압박은 사라지고, 손끝으로 배워야 할 과제들이 또렷이 떠올랐다. 두려움은 여전했지만, 이번엔 방향이 있었다. 잘 모르면 배우고, 틀리면 고치고, 끝까지 책임지는 방식으로 가겠다고 초심을 다잡았다. 어디에서가 아니라 누군가에 따라 달라진다고. 그 첫 마음을 꼭 껴안은 채 기차역 플랫폼에 내렸다. 바람은 여전히 차가웠지만, 가슴은 그 어느 때보다 뜨거웠다.

진짜 배움은
언제나 현장에 있다

첫 번째 직장의
매운맛

서울에서의 호된 경험 덕분에 나는 내가 태어나고 자란 곳에서 성공하겠다고 마음먹었다. 동네 정보지도 열심히 보고 번화가도 부지런히 다니면서 신입 채용을 하는 미용실을 찾아다녔다. 그런데 행운은 가까운 곳에 있었다. 집 근처의 한 미용실에서 일하게 되었다.

보잘것없는 내 경력과 달리 그곳은 작지만 화려한 인테리어를 자랑하는 곳이었다. 문제는 사장님이 자주 자리를 비운다는 것이었다. 실력도 없는 나에게 가게를 통째로 맡기고 어디론가 사라지기 일쑤였다.

"잠깐 나갔다 올게."

"네, 다녀오세요."

그 '잠깐'이 오후 늦게까지 이어지는 경우가 많았다. 나는 출근 시간보다 일찍 나와 바닥을 쓸고 필요한 물품을 채우며 손님을 맞았다.

사장님이 없을 때 손님이 오면 내가 대신 맡아야 했다. "아직 못 해요"라고 말할 처지가 아니었다.

"어떻게 해 드릴까요?"

"짧게 쳐 주세요."

처음엔 말없이 손만 움직였지만, 시간이 지나자 조금씩 요령이 생겼다.

"드라이 오래 못 해요. 빨리 끝내 주세요."

"네, 오늘은 가볍게 해 드릴게요. 집에서 하실 땐 결을 살려 말리시면 손질이 더 쉬우실 거예요."

'못하지만 해야 하는' 시간을 통과하면서 손끝이 빨라졌다. 드라이의 바람 각도를 15도 낮추면 뜨던 옆머리가 눌린다는 것도 알았다. 그제야 깨달았다. 내가 온 힘을 다해 가게를 지킨 시간들이 내 몸에 빠르게 기술을 새기고 있었다는 걸.

가장 많이 배운 건 '속도'였다. 눈으로 먼저 판단하고, 손이 뒤

따라가며, 그다음 말로 이어지는 리듬. 손님이 의자에 앉는 순간부터 계산대에 설 때까지 모든 동작이 하나의 흐름처럼 이어졌다.

"샴푸 온도 괜찮으세요?"

"응, 조금만 더 따뜻하게."

"네, 바로 맞출게요."

동선을 잘못 잡으면 머리카락이 아닌 시간이 잘려 나갔다. 샴푸의 온도, 드라이의 바람, 가위의 각도 등 모두가 하나의 약속이었다. 나는 매일 그 약속을 지키는 법을 배워 나갔고, 틀리면 바로 고쳤다.

"뒤쪽이 좀 뜨는 것 같은데요?"

"머릿결이 돌아가서 그래요. 바람을 위에서 넣을게요."

오른손이 무거우면 왼손에 힘을 얹었고, 말이 길어지면 불필요한 동작을 줄였다. 머리카락은 생각보다 솔직해서, 내 집중이 끊기는 순간 금세 틈을 드러냈다.

미용은 생각보다 많은 걸 요구했다. 기술만으로는 부족했다. 가위질을 어떻게 해야 할지, 염색약을 어떤 농도로 섞어야 할지, 물의 온도는 몇 도로 맞춰야 할지, 손님과 어떤 대화로 시작해서 마무리하는 게 좋은지 배워야 할 부분이 수없이 많았다. 하지만 모르는 걸 배워 가는 과정이 너무 재미있었다.

"와, 나 이 일 안 했으면 어쩔 뻔했냐."

다른 일은 생각도 나지 않을 만큼 나한테 딱 맞는 천직이었다. 하루하루가 신나고 즐거웠다. 조금씩 자신감이 생겼고 사람도, 기술도 시간이 지나야 익숙해지고 자연스럽게 진미를 알게 된다는 걸 느낄 수 있었다.

나쁘지 않네

하룻강아지 범 무서운 줄 모른다던가. 일하는 게 재미있다 보니 자신감이 붙었다. 그때 처음으로 '무서운 손님'을 만났다. 덩치가 큰 남자 손님이 들어와 의자에 앉는 순간, 팔과 등에 새겨진 문신이 파도처럼 드러났다. 목덜미가 서늘해졌다.

'조폭인가?'

무서웠지만 손에 든 가위를 놓지 않았다. 발에 힘을 꽉 주고 숨을 깊게 들이마셨다.

"어떤 스타일을 원하세요?"

"말끔하게. 옆은 깔끔, 위는 너무 짧지 않게."

"네. 평소 손질은 많이 안 하시는 편이죠?"

"…그렇지."

거울 속 그의 눈빛은 예리했다. 드라이어 스위치를 올리는데 바람 소리보다 내 심장 소리가 더 크게 들렸다. 하지만 손은 멈추지 않았다. 순서대로 섹션을 나누고, 결을 눌러 가며 조심스럽게 시작했다.

'집중하자.'

스스로에게 속삭이며 한 호흡, 한 동작씩 밀어붙였다. 마무리 작업이 끝나자, 그는 말없이 계산을 하고 나갔다. 그러고 며칠 뒤, 그가 다시 왔다.

"마음에 안 든다."

심장이 쿵 하고 내려앉는 소리가 들렸다. 그러나 위기 상황에서 더 담대해지는 기질 탓인지 의외로 담담히 응대했다. 추가 요금을 받긴 어렵겠다는 생각이 번개처럼 스쳤지만, 내 안의 전문가스위치를 용감하게 눌렀다.

"어떤 부분이 가장 불편하셨어요?"

"옆이 뜬다. 앞도 살짝 무거워."

"네, 바로 수정해 드리겠습니다. 이쪽으로 앉으세요. 오늘은 서비스로 해 드릴게요."

손끝에 모든 집중을 모았다. 드라이의 각을 낮추고, 옆머리의 볼륨을 한 단계 줄여 균형을 맞췄다.

"샴푸 먼저 시원하게 하고 진행할게요. 오늘은 두피 마사지 조금 더 길게 할게요."

샴푸대에서 거품이 사라지는 30초 동안, 나는 동선을 계산했다. 타월링—컷 보정—바람 각도—왁스 양—마무리 코멘트. 그를 의자에 다시 앉힌 뒤, 옆 섹션의 길이를 2밀리 덜어내고 앞쪽 라인을 반 톤 가볍게 했다.

"이번엔 집에서 말릴 때 바람을 아래에서 위로 넣어 보세요. 이 결은 그 방향에서 힘이 살아요."

그가 자리에서 일어났을 때, 표정은 조금 느슨해져 있었다. 그가 말없이 거울을 한 번 더 봤다.

"…나쁘지 않네."

짧은 말이었지만, 그날 내 손의 떨림을 가라앉히기에 충분했다. 그가 고개를 짧게 끄덕였고, 나는 차분함을 유지한 채 "또 오세요"라고 말했다. 그가 나가자마자 다리에 힘이 풀렸다. 나도 모르게 긴장을 많이 했던 모양이다.

그런데 어느 날부터인가 이상한 일이 일어났다. 비슷한 손님들이 한 명, 두 명 오는가 싶더니 줄줄이 찾아왔다.

"여기 잘한다며?"

"네, 어떤 느낌을 원하세요?"

"짧게 잘라 줘. 옆머리 뜨는 거 싫어."

"옆 결이 위로 도니까, 이쪽은 길이 덜어 내고 위에는 무게 살짝 남길게요."

여전히 무섭긴 했지만, 두려움 위에 쌓은 태도와 기술이 입소문이 되어 단골이 생기기 시작했다. 모습은 무서웠지만 거울 앞에 앉으면 똑같은 고객이었다. 비록 큰 도전이긴 했지만, 이 일을 통해 하나는 명확히 배웠다. 손님의 요구는 두려움이 아니라 정확한 안내서라는 점이다.

"다음에 또 와서 안 맞으면?"

"그땐 더 잘해 드릴게요. 마음에 드실 때까지요."

"아이고, 어린 아가씨가 단골 만들 줄 아네."

무서운 시간이 지나고 나니 제법 농담까지 할 줄 아는 배포가 생겼다. 지금 생각하면 무슨 배짱으로 그랬나 싶어 어이가 없지만, 매일 좌충우돌 동동거렸던 초보 시절의 재미있는 추억으로 기억된다.

하루가 저물 무렵이면 거울 앞에 섰다. 땀에 젖은 잔머리, 둘둘 걷어 올린 옷소매, 미세하게 떨리는 손끝. 그래도 표정만큼은 묘하게 들떠 있었다.

'오늘도 많이 배웠네?'

혼잣말에 거울 속 내가 고개를 끄덕였다.

배운 것을 잊지 않으려 매일 노트에 기록했다. 기억하기 쉽게 숫자와 함께 그림으로 표시하기도 했다. 머리 그림을 그려 넣고, 세모는 '잘 뜨는 구역', 동그라미는 '볼륨 살릴 자리'로 표시했다.

'말조심', '무스는 콩 세 알', '바람은 한 칸 내리고 방향 바꾸기', '질문은 짧게, 미소는 길게'.

이렇게 적어 두면 복습하기도 쉽고, 머릿속도 깔끔히 정리되었다.

손님을 대하는 나만의 방식이 있었다. 메모장에 손님의 스타일을 적어 그들의 얼굴과 스타일을 기억했다.

① 까치 머리(머리가 뾰족뾰족한 고객님)

② 옆 짱구(옆이 뜨고 눌러 주어야 하는 고객님)

③ 모자 맨(항상 모자 씀, 윗머리 눌림 주의)

④ 바람 머리(옆 결이 위로 돎, 드라이 아래→위)

이런 식으로 이름 대신 별명으로 기억했다. 중요한 특징을 기억해 두니 손님들이 다시 왔을 때 대화가 훨씬 자연스러웠다.

"오늘 모자 쓰셨죠? 윗부분 숨 쉴 구멍 좀 열어 드릴게요."

"오, 어떻게 알았어요?"

"단골손님을 모를 리가 있나요."

실수도 유머로 넘길 줄 알게 되었다. 한 번은 드라이 바람을 너무 세게 틀어 앞머리가 깃발처럼 펄럭였다. 순간 정적.

"시원하시죠…?"

손님이 피식 웃었다. 나는 바람을 '미풍'으로 낮추고 말했다.

"섬세함을 좋아하시는 손님을 위해 오늘은 봄바람으로 갑니다."

한바탕 웃음이 터졌고, 머리는 오히려 더 자연스러워졌다.

그날 노트에는 이렇게 적었다.

'당황하면 농담 한 스푼. 공기 풀고 손은 차분히.'

설명도 기술이다. "층을 낼게요"라고 짧게 말할 수도 있지만 "머리카락들 사이사이에 통로를 만들어 주면 한결 손질하기 쉬워 요"라고 풀어서 설명하면 이해도가 높아진다. 누군가는 정확한 설 명을 좋아하지만, 누군가는 재미있는 비유를 더 좋아한다. 사람마 다 스타일이 다르듯, 성향도 다르다.

일이 몸에 익을수록 루틴도 생겼다. 아침엔 빗살 정리, 점심 전 엔 재고 점검, 저녁엔 도구 정리. 바쁠수록 순서를 지키니 마음이 덜 흔들렸다. 말이 빨라지면 손도 꼬인다는 걸 깨달은 뒤부터는 속 사포로 설명하게 될 때면 일부러 한 박자 쉬었다.

"천천히, 하지만 정확히."

일의 리듬이 잡히면서 하루가 훨씬 부드럽게 흘러갔다.

어린아이가 손님으로 오면 나도 아이가 됐다.

"오늘은 공룡 머리 해 볼까요? 티라노처럼!"

아이의 "우와!" 한 마디는 큰 보상이었다.

할머니 손님에게는 마사지를 부드럽게 해 드리며 시간과 마음 을 조금 더 썼다.

"손이 참 따뜻하네."

"오늘 많이 걸으셨죠? 뒤쪽 순환을 좀 더 열어 드릴게요."

그때마다 느꼈다. 내가 자르고 말리는 건 단순히 머리카락이 아니라 하루의 피로라는 걸. 기술은 결국 돌봄의 다른 이름이었다. 하루가 끝나면 '내일의 나에게' 쪽지를 남겼다.

<더 연습할 것>

머릿결 느끼기 → 바람 조절하기 → 가위 정석으로 잡는 방법

급해 보여도 함부로 속도 내지 말 것

항상 손님 눈을 보면서 인사할 것

가게 문을 닫고 하루를 마감할 때면, 어김없이 입꼬리가 올라갔다. 오늘보다 내일의 내가 더 든든할 거라는, 근거 있는 자신감이 생겼다. 아직은 초보였지만 손님들이 남기고 간 미소 덕분에 나는 꾸준히 성장하고 있었다. 그 미소는 매일 나를 다시 일어서게 하는, 가장 확실한 선물이었다.

기왕 할 거라면
최고가 되자

아버지의 믿음,
그 믿음에 대한 보답

미용인이나 기술인이라면 언젠가는 자기 가게를 운영하는 꿈을 꾸게 된다. 나 역시 당장은 직원으로 일하고 있었지만, 평생 남의 밑에서 일할 생각은 없었다. 큰 나무 아래 머무는 건 편하지만, 그늘에서는 나무가 제대로 자랄 수 없다. 언젠가는 내 이름을 건 가게를 갖고 싶었다.

그러던 어느 날, 내가 일하고 있던 가게의 사장님이 불쑥 이렇게 말했다.

"혹시 이 가게 인수할 생각 있어? 너한테 넘기는 게 나도 좋은데."

"저도 그러고 싶긴 해요. 그런데 아직은 기술도 부족하고, 인수할 만한 자금도 없어요."

말은 그렇게 했지만, 다른 한편으로는 가능하다면 내가 인수하고 싶었다. 익숙한 공간, 내 손을 기억하는 단골들. 제일 큰 문제는 돈이었다. 내 수준으로는 권리금, 보증금, 관리비⋯ 어느 하나 만만치 않았다. 여태 모은 돈으로는 권리금조차 벅찼다. 내 가게를 갖고 싶은 마음은 컸지만 아직은 때가 아닌 것 같았다. 조금만 더 기술을 배우고, 조금만 더 돈을 모아서 다시 도전하자고 마음을 다잡았다.

그날도 평소처럼 마감을 끝내고 집에 돌아왔는데, 아버지가 불렀다.

"큰딸, 잠깐 와 봐라."

"네, 아버지."

"너 일하는 거기, 가게 내놓았다며? 네가 인수해서 직접 운영해 보면 어떠니?"

"네? 안 돼요. 너무 비싸요. 지금 제 수준으로는 감당이 안 돼요."

나는 손사래를 쳤지만, 아버지는 쉽게 물러서지 않았다.

"그래도 거기서 오래 일했잖아. 사장님께 잘 이야기해 봐라."

아버지 조언대로 사장님께 조심스레 말을 꺼냈다. 다행히 사장님도 가게를 오래 내놓을 수 없는 상황이라 권리금을 거의 받지 않겠다고 했다. 그래도 보증금 4천만 원과 약간의 시설비는 내게 큰돈이었다. 역시 포기하는 게 나을 듯했다.

며칠 뒤, 상황을 들은 아버지가 조용히 말씀하셨다.

"일에는 다 때가 있는 법이다. 지금이 기회야. 시설비와 보증금도 필요할 테니 내가 5천만 원을 빌려주마."

"아버지가 돈이 어디 있어요?"

"이 집을 담보로 대출 받기로 했다."

아버지는 이미 결심하신 눈빛이었다. 통장을 내민 손이 단호했다. 그러나 그 돈을 덥석 받을 수는 없었다. 이 돈을 모으기 위해 아버지가 얼마나 애쓰셨는지 잘 알고 있었다.

"아버지… 저, 괜찮아요. 이렇게 큰돈은 받을 수 없어요. 제가 조금만 더 모아서 나중에 할게요."

부모님께서 평생 일해 마련한 집을 담보로 얻은 5천만 원이라는 돈은 우리 가족에게 결코 작은 돈이 아니었다. 잘못하면 하루아침에 온 가족이 길거리로 쫓겨날 수도 있었다. 그러나 아버지는 조용히 내 어깨를 두드리셨다.

"도전해 봐. 넌 틀림없이 잘 해낼 거야."

아버지는 늘 나를 믿어 주셨다. 단 한 번도 내가 하는 일을 반대하신 적이 없었다. 이날 아버지의 말 속에는 평소 나를 굳건하게 지지해 주시던 것처럼, "나는 네 가능성을 믿는다"라는 메시지가 담겨 있었다. 어머니도 옆에서 고개를 끄덕였다. 목이 메었다. 어떤 순간에도 든든한 지원군이 되어 주시는 부모님의 마음이 강하게 느껴졌다.

"우리 딸, 잘 해낼 거야. 대신 한 가지만 약속해. 몸 상하게는 하지 말고 일요일은 꼭 쉬는 걸로 해라. 약속하거라."

"네. 약속할게요."

어머니는 내 손을 몇 번 토닥이고는, 나를 꼭 안아 주셨다.

"우리 딸 잘되길 기도할게."

나는 힘차게 고개를 끄덕였다. 어떤 일이 있어도 반드시 가게를 성공시키겠다고, 부모님의 굳센 믿음을 배신하지 않겠다고 다짐했다. 그리고 마음속으로 조용히 서약했다. 최대한 빨리 이 빚을 갚을 거라고, 이 기회를 더 크게 만들 거라고.

통장을 품에 안고 계약서 앞에 앉았다. 도장을 찍는 순간, 손이 떨렸다. 붉은 인주가 손끝에서 번져 종이 위에 작은 꽃처럼 피어났다. 15평 작은 미용실이었지만 내게는 궁궐보다 크게 느껴졌다. 생애 처음으로 사장이 되는 날이었다. 내 나이 스물두 살이었다.

사장의 마음, ─────
빛의 무게

사장이 되자 공기부터 달랐다. 같은 가위를 들고 같은 샴푸 향 속에서 일했지만, 하루의 무게는 전혀 달랐다. 문을 여는 열쇠의 차가운 금속감, 셔터가 올라갈 때 들리는 쇳소리… 모든 것이 다르게 느껴졌다.

주변 가게보다 먼저 출근해 바닥을 쓸고 닦고, 거울 모서리의 얼룩 한 점도 그냥 지나치지 않았다. 의자 발 받침의 나사를 조이고, 손의 회전을 줄이기 위해 가구 위치를 바꿨다. 조명은 자연광에 가장 가까운 색으로 교체했다. 미용실 거울 속에서만 예뻐 보이는 머리는 의미 없다고 믿었기 때문이다.

매일 장부를 펼쳐 매출과 지출, 그리고 '상환償還' 항목을 적었다. 볼펜 끝의 압력으로 내 하루의 성실함을 확인했다. 손님이 "마음에 안 든다"고 하면 변명하지 않고 바로 다시 손질했다. 정확함이 친절보다 앞서야, 오래 친절을 베풀 수 있다고 믿었다. 그렇게 쌓인 메모와 규칙들이 속도를 만들었고, 속도는 단골을 낳았고, 단골은 상환 칸의 숫자를 하나씩 지워 갈 수 있게 해 주었다.

사장이 된다는 건 결코 낭만적인 일이 아니었다. 빚이라는 거대한 그림자가 매일 나를 따라다녔다. 아버지에게 빌린 5천만 원과 친정집을 담보로 받은 빚 5천만 원까지 합치면 총 1억 원. 하루라도 게으를 수 없는 이유였다.

방법은 단 하나뿐이었다. 쉬지 않고 일하는 것. 나는 정말 하루도 허투루 보내지 않았다. 일주일에 한 번 쉬는 것도 부담스러워 처음엔 한 달에 두 번만 쉬겠다고 고집을 부렸지만, 어머니가 극구 말렸다.

"몸도 자산이야. 길게 봐야지. 일주일에 한 번, 일요일은 꼭 쉬어."

어머니의 말을 듣고서야 억지로 하루를 비웠지만, 그 하루조차 마음이 편치 않았다. 은행 이자를 생각하면 자장면 한 그릇도 사치였다. 옷은 시장에서 몇천 원짜리를 사서 입었고, 교통비를 아끼려 웬만하면 걸어 다녔다. 한 푼이라도 아끼지 않으면 온 가족이 길바닥에 내몰릴 수 있다는 절박함이 뼛속까지 스며 있었다.

"내가 갚지 않으면 우리 가족은 무너진다."

그 생각 하나가 나를 움직였다. 몸이 아파도 문을 열었고, 손님이 없어도 불을 켰다. 누가 시키지 않아도 내 자리를 지키는 것이 의무라 여겼다. 하루 영업이 끝나면 가게의 불을 끄기 전, 늘 이렇게 말했다.

"아버지, 오늘도 열심히 했습니다. 어머니, 오늘도 약속 지켰습니다.”

번 돈은 모두 아버지께 드렸고, 아버지는 매일 은행에 들러 빚을 조금씩 갚아 나갔다. 하루하루 줄어드는 숫자를 보며 힘을 내곤 했다. 그 숫자는 단순한 채무 변제액이 아니라 ‘포기하지 않은 하루’의 기록이었고, 하루를 다 채워 살아 냈다는 증거였다.

기술을 배우고, 가게를 열고, 빚을 갚고, 한 사람의 인생을 세워 올리는 그 모든 과정 뒤에는 아버지를 비롯한 가족의 믿음이 있었다. 그 믿음이 나를 나아갈 수 있게 해 주었고, 빚의 무게가 나를 단단하게 만들어 주었다.

그리고 마침내, 사장이 된 지 3년째 되던 해. 그토록 무겁게 내 어깨를 짓눌렀던 1억 원의 빚을 모두 갚았다. 매일 적어 내려 간 ‘상환’ 칸에 더 이상 적을 숫자가 없다는 걸 확인한 순간, 나도 모르게 눈물이 흘렀다. 그 눈물에는 집을 지켰다는 안도감, 아버지의 믿음에 보답했다는 자부심, 그리고 절박함을 붙잡고 달려온 나 자신에 대한 위로가 함께 섞여 있었다.

초보의 기술,
초심의 근육

루틴이 ——
기술을 이긴다

미용에 첫발을 들인 순간부터 평생 이 일을 하겠다고 결심했지만, 타고난 손재주는 없었다. 하나를 익히려면 남들보다 수십 번은 더 반복해야 했다. 대신 나에게는 다른 재능이 있었다. 학교 다닐 때 다른 상은 못 탔어도 매년 개근상만큼은 놓치지 않았던, 끈기와 성실함이었다.

오랜 시간 미용 현장에서 버틸 수 있었던 이유도 탁월한 기술 때문만은 아니었다. 하루도 허투루 보내지 않고 쌓아 온 성실한 태도 덕분이었다. 초창기에도 화려해 보이는 기술을 익히기보다는, 매일 같은 시간에 문을 열고 같은 순서에 따라 하루를 시작했다.

그 단순한 반복이 흔들리는 나를 붙잡아 주었다.

처음엔 나 역시 결과에만 눈이 갔다. 머리 모양이 예쁘게 나왔는지, 손님이 만족했는지, 매출이 어땠는지에 따라 하루의 기분이 달라졌다. 하지만 그렇게 해서는 가게를 오래 유지할 수 없었다. 결과에만 기대면, 결과가 흔들릴 때마다 나도 함께 무너졌다.

그래서 기준을 바꾸었다. '오늘 해야 할 일을 했다면 잘한 하루'라고, '작은 약속 하나를 끝까지 지켰다면 성장한 하루'라고 정했다. 다짐이 아닌 행동에 기준을 두자 불안함도 눈에 띄게 줄었다. 실수는 여전했지만, 실수를 바로잡는 속도는 빨라졌다.

그 기준을 지키기 위해 세 가지 원칙을 세웠다. 서두르지 말 것, 변명하지 말 것, 끝냈으면 확인할 것. 서두르지 않겠다고 다짐하자 손끝이 안정되었다. 변명을 삼가니 말이 단정해졌다. 확인하는 습관이 하루를 단단하게 만들었다. 힘들고 어려웠던 초창기 시간을 지나며 확실히 깨달았다. 나를 지탱한 것은 능력이 아니라 태도였다는 것을.

남들이 한 번 할 때 나는 다섯 번, 열 번 더 연습했다. 창피함은 잠깐이었지만, 실력은 오래 남았다. 어느 날 갑자기 실력이 좋아졌다고 느낀 적은 없었다. 다만 어제보다 오늘, 오늘보다 내일 조금씩 더 나아질 뿐이었다. 성장은 그렇게 조용히 찾아왔다.

돌아보면 초보 시절의 가장 큰 배움은 기술이 아니라 마음가짐이었다. 약속을 지키는 습관이 신뢰를, 반복을 견디는 힘이 실력을, 실수를 인정하는 용기가 다음 기회를 만들어 주었다. 그 작은 디딤돌들이 모여 내 길이 되었다. 나는 특별한 사람이 아니었다. 단지 포기하지 않는 사람이었다.

말그릇을 배우다

초보였을 때는 말이 많았다. 긴 설명으로 불안을 감추려 했다. 하지만 설명이 길수록 손님은 더 불안해했다. 여러 번의 시행착오 끝에 가장 먼저 해야 할 일은 '듣는 것'임을 깨달았다.

어떻게 하면 나의 일방적인 설명을 줄이고 고객에게 도움이 되는 내용을 전달할 수 있을지 고민했다. 그러다 고객이 꺼낸 첫 두세 마디에 해답이 있음을 알게 되었다. "앞머리가 답답해요"라는 말엔 가볍게 숱을 치고, "머리가 퍼져요"라는 말엔 머릿결을 정돈하는 팁을 알려 주었다. 고객이 무엇을 원하는지 교감이 되면 손이 자연스레 움직였고, 말도 짧고 명확해졌다. 선택지가 많을 필요도 없었다. 가장 좋은 스타일 두 가지 중에서 하나를 함께 고르면 충분했다. 복잡한 설명보다 결정의 단순함에서 안정을 찾을 때가 많았다.

어려운 용어 대신 생활의 비유를 택했다. 같은 의미라도 어떻게 담아 건네느냐에 따라 결과가 달라졌다. '아' 다르고 '어' 다르다는 말의 뜻을 매일 체감한 셈이다.

실수하면 변명 대신, 고객과 눈을 맞추고 사실대로 말했다. "금방 수정할게요"라고 짧게 알리고 손을 움직였다. 상대의 시간을 아껴야 내 시간도 지켜진다는 단순한 이치를, 나는 실수의 자리에서 배웠다.

바쁠수록 말은 더 구체적이어야 한다. "조금만요" 대신 "지금부터 12분 더 필요합니다"라는 식으로 말하는 것이다. 기다림의 길이를 알면 사람들의 표정이 풀리고 조금은 편안히 기다릴 수 있게 된다. 모호한 말은 마음을 흔들지만, 구체적인 말은 마음을 붙잡는다. 신뢰는 말의 길이가 아니라 정확도에서 비롯된다.

어떤 날은 기술보다 말의 온도가 더 중요했다. 상처 난 마음으로 찾아온 사람 앞에선 계획을 줄이고 호흡을 맞췄다. 나에겐 말이 그릇처럼 보였다. 아무리 맛있는 음식도 그릇이 맞지 않으면 먹음직스럽지 않듯, 좋은 생각도 알맞은 표현에 담아야 온전히 전해진다고 믿었다. 겉만 번지르르하게 치장한 말은 화려하게 번쩍이지만 금이 간 접시와 같다. 진심이 담기지 않은 말은 누구라도 금세 알아채기 마련이다. 그래서 말을 꺼내기 전에 한 번 더 생각하고 말의 온도를 조절했다.

이때의 경험은 훗날 정치 현장에서도 큰 힘이 되었다. 회의장에 들어서기 전, 나는 늘 한 문장으로 요점을 정리했다.

"무엇이 문제이고, 무엇을 바꾸려고 하는가."

말의 그릇을 먼저 다듬으면 목소리를 높이지 않아도 내용이 멀리까지 전해졌다. 말은 아낄수록 정확해지고, 정확할수록 따뜻해진다. 말을 잘하는 것보다 잘 담아 건네는 게 중요하다.

간혹 "속을 긁는 말을 해야 동기부여가 된다"고 말하는 사람도 있지만, 나는 그렇게 생각하지 않는다. 사실을 전하는 직언과 상처를 주는 말은 엄연히 다르다. 자극은 잠시 사람을 움직이지만, 끝내 마음을 멀어지게 만든다. 상처는 속도를 높이기는커녕 방향을 잃게 한다.

단호함과 가혹함은 구분해야 한다. 단호함은 기준을 세우는 일이고, 가혹함은 사람을 꺾는 일이다. 현장에서도 마찬가지다. 잘못을 지적할 때는 공개적으로 창피를 주는 방식은 안 된다. '지금 여기에서 무엇을 바로잡을지'만 짧게 말해야 한다. 칭찬은 공개적으로, 개선은 조용히 일러 주는 것을 원칙으로 삼았다. 특히 성장하는 직원들은 누구 앞에서든 기 죽이지 않으려 신경 썼다.

정치의 자리에서도 나는 말의 무게를 잊지 않으려 한다. 의견이 다를 경우 공격 대신 질문을 던지며 상대의 주장을 왜곡하지 않으려 노력한다. 적절한 질문은 상대와 나 사이에 벽을 세우지 않고 길을 만든다. 그리고 그 길 위에서 합의가 싹튼다.

나는 말이 칼이 아니라 그릇이길 바란다. 날카로운 말은 상처를 남기지만, 잘 맞춘 말은 뜨거운 생각도 안전하게 옮긴다. 내 말이 다녀간 자리의 온도를 생각하며, 말그릇을 조금씩 더 넓혀 가고 싶다.

길을 만드는 한 걸음

초보였던 시절, 실패는 늘 내 곁에 있었다. 하지만 실패는 버려야 할 썩은 재료가 아니라, 경험을 풍성하게 만드는 좋은 재료였다. 하루가 끝나면 조명을 줄이고, 셔터를 반쯤 내린 채 잠시 공기를 가라앉혔다. 잘한 장면을 길게 떠올리기보다, 마음에 걸린 순간을 짧게 떠올렸다. 어디서 흐름이 끊겼는지, 어떤 말이 문제였는지 생각한 후엔 장황한 반성 대신 "내일은 이렇게 하자"라는 한 문장을 마음속에 붙여 두었다. 이 한 문장이 다음 날의 동선을 바꾸고, 손끝의 주저함을 덜어 주었다. 성장은 요란한 각성이 아니라, 조용한 수정의 연속이다.

몸을 돌보는 일도 중요했다. 오래 서 있는 직업은 마음보다 다리와 어깨가 먼저 신호를 보낸다. 물 한 모금 마시는 것도 미루고, 점심은 급히 넘기고, 저녁이면 몸이 한없이 무거워졌다. 무리하다가 건강을 잃고서야 정신을 차렸다. 좋아하는 일을 오래 하려면, 몸을 먼저 지켜야 한다는 것을.

현장은 훌륭한 학교였지만, 배움은 언제나 작고 구체적이었다. 단번에 고쳐야 할 때도 있었지만, 대개는 한 번에 하나씩 바꾸었다. 드라이 바람을 한 단계 낮추거나, 설명을 한 문장 줄이거나, 수건 놓는 자리를 조금 옮기는 식이었다. 작은 변화가 잘 맞으면 그대로 두고, 맞지 않으면 조용히 되돌렸다. 이런 반복과 복기는 내게 울타리이자 도약대였다. 실패를 피하지 않으니 평온이 생겼고, 몸과 마음을 챙기니 약속을 지킬 여유가 생겼다. 작은 배움을 나누니 팀이 함께 성장했다.

누구에게나 초보 시절은 있다. 잘못은 고칠 수 있고, 시작하면 끝맺을 수 있으며, 흔들려도 무너지지 않을 수 있다. 중요한 건 용기 있게 한 발씩 내딛는 것이다. 그 한 발이 현장에선 사람을 붙잡고, 의회에선 정책을 만든다. 미용에서 지켜 온 원칙은 정책을 다룰 때도 유효했다. '무엇을, 언제까지, 누구와 함께'라는 기준과 명분이 있었기에, 힘든 정책도 끝까지 해낼 수 있었다.

내 삶에서 일과 정치는 연결되어 있다. 끝까지 책임지겠다는 태도가 그 둘을 잇는 다리인 셈이다. 완벽한 결과를 약속할 수는 없지만, 최선을 다해 결과를 만들 뿐이다. 빠른 속도보다 올바른 순서로, 혼자의 완벽함보다 함께 가는 지속으로. 넘어지지 않는 사람이 아니라 넘어져도 다시 걷는 사람으로. 그 한 걸음을 걷고 또 걸을 때 끝내 길은 만들어진다고 믿는다.

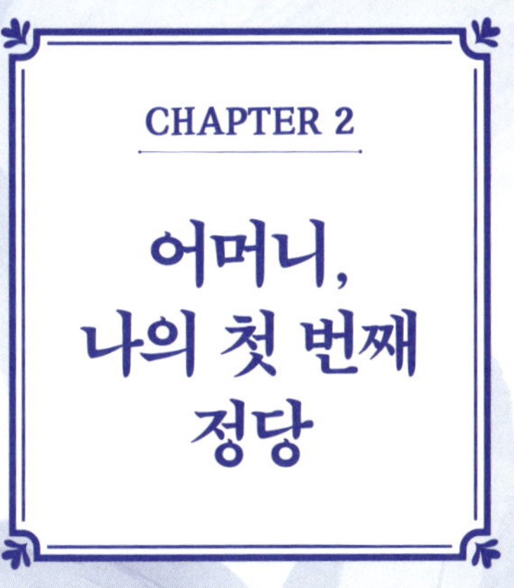

"사람들은 정치인이 미래를 그리는 사람이라고 말한다.
그러나 나는 어머니에게서 다른 정의를 배웠다.
정치란 누군가의 오늘을 굶기지 않는 일이다.
내 앞에 있는 사람의 손을 잡아 일으켜 세우는 일이다.
배고픔을 채워 주고, 외로움을 덜어 주고,
존엄을 회복시키는 일. 그것이 정치가 향해야 할 자리다."

어머니의 기도가
나를 키웠다

하루 여섯 시간씩 ——
기도하시던 어머니

사람들은 내가 어린 나이에 사장이 되어 성공적으로 사업을 운영했다고 말한다. 하지만 이 모든 걸 해낼 수 있었던 건 결코 내가 잘나서가 아니다. 그 모든 시작과 근원에는 언제나 어머니가 계셨다. 어머니가 아니었다면 지금의 나는 전혀 다른 모습으로 살고 있었을 것이다.

어머니는 말보다 기도로 세상을 살아가던 분이었다. 훈계하거나 꾸짖기보다, 무릎을 꿇고 두 손 모아 기도하는 모습을 보여 주셨다. 그것이 내게는 가장 강력한 가르침이었다.

어린 시절, 방 한구석에서 들려오던 어머니의 낮은 기도 소리는 자장가 같았다. 새벽어둠이 아직 걷히지 않은 시간, 부엌 불도 켜지 않은 채 차가운 마룻바닥 위에 무릎을 꿇은 어머니의 모습을 볼 때면, 어린 나는 그저 따듯한 이불 속에 계시라고 말하고 싶었다. 그러나 어머니는 끝내 자리를 떠나지 않으셨다. 낮고 간절한 기도 소리는 내 마음을 흔들었고, 어떤 훈계보다 강한 울림으로 남았다.

내가 일에 지쳐 있을 때도, 어머니는 늘 같은 자리에서 같은 자세로 세상과 마주하셨다. 하루 종일 반복된 가위질로 손이 퉁퉁 부은 채 집에 돌아왔을 때였다. 짜증과 피로가 뒤엉켜 방문을 쾅 닫고 들어가 앉아 있는데, 문틈으로 은은하게 흘러나오는 어머니의 기도 소리가 들렸다.

"주님, 우리 딸의 몸과 마음을 보살펴 주시고, 이웃에게 사랑을 실천하는 사람이 되게 하소서."

순간, 눈물이 왈칵 쏟아졌다. 어머니의 기도 소리와 무릎 꿇은 모습은 매번 내 마음을 녹이고 다시 일어서게 했다. 어머니의 기도는 가족만을 위한 것이 아니었다. 어머니의 시선은 항상 더 멀리 있었다. 이웃을 넘어 나라와 세상을 향해 있었다. 성당 마당에 꽃을 심고 가꾸던 손길에도 누군가가 이 꽃을 보며 행복하길 바라는 마음이 담겨 있었다.

어머니의 하루는 기도로 시작해 기도로 끝났다. 하루 여섯 시간씩 기도하는 일이 어머니에게는 숨 쉬는 일과 같았다. 이른 새벽, 성당 종소리에 맞춰 눈을 뜨면 부엌으로 가 무릎을 꿇고 묵주를 손에 쥔 채 기도를 시작한다. 손가락마다 묶여 있는 기도의 알맹이들은 가족의 이름에서 시작해 이웃, 나라, 그리고 보지 못한 세계의 얼굴들로 이어진다. 점심 무렵, 부엌 창문 틈으로 비스듬히 들어오는 햇살이 어머니의 머리 위에 내려앉을 때면, 그 빛과 어머니가 하나로 엮여 있는 듯했다.

저녁이면 온 가족이 함께 무릎을 꿇고 기도했다. 가난한 이웃을 위해, 병든 이들을 위해, 전쟁터의 아이들을 위해, 남북통일을 위해…. 낮은 기도의 속삭임이 집 안을 가득 채웠다. 어머니는 마치 세상의 모든 짐을 홀로 짊어진 사람처럼 기도하셨지만, 기도가 끝나면 언제나 환하게 웃으셨다. 기도는 무거운 짐이 아니라 세상을 견디게 하는 힘이라는 것을, 나는 어머니를 통해 깨달았다.

배움에 대한 열정

어머니는 오래 학교에 다니지는 못했지만, 배움에 대한 열정만큼은 누구보다 뜨거웠다. 성경책을 늘 옆구리에 끼고 다니며 장터에서도, 버스 정류장에서도 책장을 펼치셨다. 작은 노트에는 그날 읽은 말씀과 깨달음을 빼곡히 옮겨 적으셨다. 글씨는 서툴렀지만, 글자마다 묵주의 알처럼 간절함이 매달려 있었다. 성경책 곳곳엔 밑줄과 메모가 가득했는데, 마치 하느님과 나눈 비밀스러운 대화가 스며 있는 듯했다.

어린 시절, 나는 어머니의 성경책을 종종 들춰 보곤 했다. 누렇게 변한 종이 위에 그어진 밑줄과 빨간색, 파란색 볼펜으로 빽빽이 적힌 메모는 마치 교과서처럼 느껴졌다. 글씨는 삐뚤었지만 배움의 흔적이 오롯이 남아 있었다.

어머니의 배움은 책상 앞에 앉아 있는 시간이 아니라, 삶 전체를 통해 이어졌다. 부엌에서 반찬을 만들다가도, 성가를 부르며 행복해하시고, 잠시 불을 줄이고 성경책을 펼쳐 구절을 확인하셨다. 빨래를 널던 손을 멈추고, 떠오르는 말씀 한 구절을 메모지에 적어 두셨다. 어린 내게는 낯설고 신기한 모습이었다. 다른 엄마들은 집안일만으로도 벅차 보였는데, 우리 엄마는 일상에서 감사함을 느끼며 즐거워하셨다. 항상 성가를 부르고, 책을 가까이하며 틈틈이 배우고 익히는 일을 게을리하지 않으셨다.

그 작은 노트들은 지금도 내 기억 속에 선명하다. 수첩마다 다르게 쓰인 글씨체와 밑줄은 마치 계절마다 피는 꽃처럼 느껴졌다. 그 안에는 어머니의 호흡과 눈물이 함께 배어 있었다. 글씨 옆에 작은 십자가 표시를 하거나, '다시 읽기', '여기부터 쓰기', '기도하기'라는 짧은 메모를 덧붙인 흔적도 남아 있었다. 그것은 단순한 독서 기록이 아니라, 어머니만의 영적 일기장이자 삶의 발자국이었다.

그 노트들을 몰래 들춰 볼 때마다, 가슴이 뜨거워지는 경험을 하곤 했다. 삐뚤빼뚤한 글씨가 왜 그렇게 힘 있게 다가왔는지 어린 나로서는 설명할 수 없었지만, 어머니의 절실한 마음이 묻어 있었기 때문이 아닐까. 많이 배우지 못해도 배우고자 했던 갈망, 하느님께 더 가까이 가고 싶었던 간절한 바람이 글자 하나하나에 녹아 있었다.

어머니의 배움은 시험을 위한 공부가 아니었다. 삶을 더 깊이 이해하고, 자신을 단련하며, 이웃을 사랑하고 돌보는 힘을 기르기 위한 공부였다. 그래서 나는 어머니의 성경책을 볼 때마다 학교에서 받는 교과서와는 전혀 다른 무게를 느꼈다. 교과서는 머리로 지식을 쌓게 했지만, 어머니의 책은 마음으로 살아가는 길을 가르쳐 주었다.

마음 단지에 꿀을 담아라

어머니는 늘 비유로 가르치셨다.

"단지에 꿀을 넣으면 꿀단지가 되고, 오물을 넣으면 오물 단지가 된다."

어린 나는 그 뜻을 알지 못했다. 하지만 시간이 흐르면서 그 의미가 내 안에 깊이 새겨졌다. 삶은 빈 그릇과 같아서 무엇을 담느냐가 중요하다는 것을. 어머니는 그 말을 행동으로 보여 주셨다. 힘겹게 번 돈을 기부하고, 이웃의 식탁에 반찬을 올려놓으며 자기 삶의 그릇을 언제나 선한 것으로 가득 채우셨다.

나는 그 가르침에 따라 내 마음에 무엇을 담을지 생각했다. 불만과 원망이 올라올 때면, 어머니의 목소리가 귓가에 울렸다.

"좋은 것을 담아라."

그 말은 내 안의 분노를 누르고, 작은 선행이라도 실천하려 애쓰게 만드는 주문이었다. 학창 시절 시험을 망친 날에도, 친구와 다툰 날에도, 어머니의 말을 떠올리며 마음속에 다시 좋은 것을 담으려 했다.

어느 겨울 저녁, 속상한 일로 울고 있던 내게 어머니는 부엌 선반에서 단지 하나를 꺼내 보여 주셨다. 그 안에는 꿀이 반쯤 남아 있었다.

"봐라, 여기에 꿀을 담아 놓으니, 시간이 지나도 달지 않니? 네 마음도 그렇단다. 네 안에 무엇을 담느냐가 너를 만드는 거야."

그날 이후 나는 다짐했다.

"내 마음의 단지에 꿀을 담자. 선한 생각, 좋은 말, 배움에 대한 갈망을 담자."

그 작은 다짐이 지금껏 나를 지탱하는 힘이 되고 있다.

어머니는 늘 내 손을 잡고 이렇게 말씀하셨다.

"우리 딸은 그릇이 커. 하느님이 크게 쓰실 거야."

그 말은 단순한 덕담이 아니었다. 어머니의 확신에 찬 눈빛은 나를 흔들림 없이 지탱해 주는 버팀목이 되었고, 그 믿음은 지금도 내 삶의 방향을 비춰 주고 있다.

봉사와
기부의 삶

내가 받지 못할 곳에 ——
쓰는 게 선행이다

어머니의 삶을 떠올릴 때 가장 먼저 생각나는 것은 '나눔'과 '돌봄'이다. 그것은 특별한 행사나 일회성이 아니었다. 누구에게 보이기 위한 이벤트도 아니었다. 매일의 삶 속에 자연스레 배어 있는 습관이자, 어머니가 세상을 살아가는 방식 그 자체였다. 나눔은 어머니에게 선택이 아니라 본능처럼 흘러나오는 삶의 결이었고, 그 결은 지금도 여전히 주변 사람들의 기억 속에 남아 있다.

당시 여유가 있던 나는 늘 넉넉하게 생활비를 드렸다. 힘겹게 일하며 번 돈이었지만, 어머니께 드리는 돈만큼은 아깝지 않았다. 그것이 어머니의 노고에 대한 작은 보답이라고 생각했다. 그런데 정작 어머니는 그 돈을 자신을 위해 쓰신 적이 거의 없다. 좋은 옷을 사 입거나, 맛있는 음식을 드셔도 될 텐데, 어머니는 언제나 다른 선택을 하셨다. 손에 쥔 생활비를 먼저 이웃과 나누신 것이다.

남들 같으면 가장 먼저 본인을 위해 쓰고 남은 것을 내어 주었을 텐데, 어머니는 아예 처음부터 절반 가까이 떼어 이웃에게 내놓으셨다. 그런 모습을 보면 존경스러우면서도 가끔은 속이 상했다.

"엄마, 힘들게 번 돈인데 조금은 엄마를 위해 쓰세요. 남들만 챙기지 마시고 본인도 챙기셔야죠."

딸의 마음을 아시겠다는 듯 어머니는 고개를 끄덕이며 미소를 지으셨지만, 대답은 늘 단호했다.

"나만을 위한 것보다 이웃을 위해 살아가는 게 옳다."

그 한마디에 가슴이 먹먹해졌다. 내가 어머니께 드린 돈은 가계부의 숫자를 채우는 단순히 생활비가 아니었다. 누군가의 하루를 살리는 힘이었고, 한 가정을 다시 일으켜 세우는 씨앗이었다. 내 손에서 건네진 봉투가 어머니의 손에 닿는 순간, 그 돈은 나눔이 되고, 희망이 되고, 누군가를 다시 살아갈 수 있게 만드는 불씨가 되었다.

그럼에도 때때로 나는 이해하지 못했다. 힘들게 일한 나의 노고가 조금은 보상받아야 하지 않을까, 어머니께서도 이제는 당신의 삶을 좀 더 편히 즐기셔도 되지 않을까 싶었다. 그러나 어머니는 그런 생각 자체를 하지 않으셨다. 본인이 즐기고 누리는 것보다, 다른 누군가의 허기를 채우고 마음을 보듬는 일이 더 기쁘다고 하셨다. 당신의 희생은 고통이 아니라 감사였다.

그 장면들을 떠올릴 때마다 나는 새롭게 깨닫곤 한다. 어머니의 삶에서 나눔과 돌봄은 의무가 아니라 기쁨이었다. 내가 드린 생활비는 어머니의 손을 거쳐 또 다른 생명을 살리는 힘으로 변했고, 그 과정에서 어머니는 무엇과도 바꿀 수 없는 보람을 느끼셨다. 그래서일까. 언제나 고단했지만, 어머니의 눈빛은 누구보다 밝았다.

지나가는 사람이 꽃을 보고 웃으면 그걸로 됐다

어머니에게는 조금 엉뚱한 면이 있다. 내가 사 드린 고급 승용차 안에는 차와 어울리지 않는 삽과 포대 자루가 함께 들어 있었다. 새벽 공기가 아직 차가운 시간, 어머니는 들로 나가 쑥과 냉이, 씀바귀를 손수 뜯어 오셨다. 차 안 가득 봄 내음이 실렸고, 집에 도착하면 그 풀잎들을 가게 앞에 펼쳐 놓으셨다.

작은 의자에 앉아 나물을 다듬는 어머니 곁에는 이웃들이 모여

들었고, 그때면 미용실 앞은 장터처럼 북적였다. 지나가던 행인에게도 어머니는 거리낌이 없었다.

"이거 좀 가져 가요. 데쳐 먹으면 봄맛이에요."

애써 캔 나물을 사람들 손에 한 움큼씩 쥐여 주셨다. 아는 사람이든 모르는 사람이든 상관없었다. 어머니의 나눔에는 경계가 없었다. 그 웃음과 손길 속에서 사람들은 잠시나마 허기를 잊었고, 마음속까지 따뜻하게 채워졌다.

어머니는 꽃을 사랑하셨다. 집 앞마당과 미용실 앞을 작은 꽃밭으로 만들며 "길 지나는 사람이 꽃을 보고 웃으면 그걸로 됐다"라고 말씀하셨다. 무거운 흙을 지게에 날라 밭을 고르고 꽃을 심으시던 모습이 아직도 눈에 선하다. 몇 번은 심어 놓은 꽃을 도둑맞기도 했지만, 어머니는 담담하게 다시 꽃을 심으셨다.

"만인이 함께 보라고 심은 건데, 누군가 집에 가져가면 그것도 복이지."

꽃을 가꾸는 어머니의 손길에는 단순한 취미 이상의 의미가 담겨 있었다. 어머니에게 자연은 하느님이 주신 선물이었고, 그 선물을 나누는 일은 신앙의 실천이었다. 봄마다 퍼져 나가던 쑥 향기와 꽃밭의 향기는 어머니 마음의 향기였다. 어릴 땐 그 의미를 알지 못해 "왜 이렇게 힘든 일을 하느냐?"고 묻곤 했지만, 지금은 알 것 같다. 나눔은 가진 만큼 베푸는 것이 아니라, 마음 넓은 사람이 먼저 시작하는 일이라는 사실을 말이다.

어머니가 심은 꽃밭은 단순한 정원이 아니었다. 그것은 세상을 바라보는 태도였고, 삶을 대하는 철학이었다. 그리고 그 철학은 내 안에도 뿌리를 내려, 내가 사람을 대하고 사회를 바라보는 시선이 되었다.

내가 할 수 있을 때 ─── 하는 게 복이다

밥을 사는 일에서도 어머니는 분명한 원칙이 있었다. 잘사는 사람에게 밥을 사는 것은 큰 의미가 없다고 하셨다. 진짜 밥을 대접해야 할 대상은 형편이 어려운 이웃이라고 믿으셨다. 그래서 어머니는 사랑하는 딸인 나보다도 이웃에게 늘 선뜻 밥을 사 주셨다. 때로는 그 모습이 섭섭하기도 했지만, 그것은 어머니가 선택한 삶의 지혜이자 실천 행동이었다.

종교 공동체에서도 어머니의 나눔은 멈추지 않았다. 성당 건립과 봉사활동에 꾸준히 기부했고, 누군가 도움이 필요하면 제일 먼저 이름을 올리셨다.

“기도만 해서는 안 돼. 가진 것을 나누어야 기도가 완성된다.”

이것이 어머니의 지론이었다. 그래서 성당에서 봉사할 때면 어머니의 손에는 언제나 작은 봉투가 쥐어 있었다.

나도 어머니를 따라 미용실 수입 중 일부를 장애인 단체에 기부하곤 했다. 앞머리 커트비 전액을 기부했지만, 그 적은 돈이 무슨 의미가 있을까 싶을 때면 어머니는 미소 지으며 말씀하셨다.

“작은 돈에도 진심이 담기면 큰 힘이 된단다.”

그 말씀처럼, 나의 작은 정성도 누군가의 삶에 빛이 되었을 것이다.

어머니의 봉사는 물질에만 그치지 않았다. 돌아가신 영혼을 위해 기도하고, 병든 이웃을 직접 찾아가 봉사하셨다. 때로는 바쁜 나를 대신해 지역사회를 돌봐주기도 하셨다. 몸이 힘들고 시간이 부족해도, 누군가에게 필요한 일이 있으면 망설이지 않으셨다.

“내가 할 수 있을 때 하는 게 복이다.”

돌아보면 어머니의 기부와 봉사는 늘 ‘작아도 구체적인 실천’이었다. 거창한 액수도, 드러나는 명예도 없었지만, 주변 사람들의 삶을 실제로 바꾸었다. 작은 봉투 하나로 살아난 사람, 한 끼의 밥으로 위로받은 이웃, 짧은 기도로 다시 일어선 영혼. 그 모든 이들이 어머니가 세상에 남긴 흔적이었다.

정치인이 된 지금, 국가의 복지제도에 대해 고민할 때마다 자주 어머니를 떠올린다. 복지란 결국 사람을 일으켜 세우는 일이어야 한다. 어머니가 생활비의 절반을 이웃에게 나누며 보여 주신 태도, 밥 한 끼를 누구에게 건네야 하는지 분명히 하셨던 원칙, 많든 적든 한결같이 베푸셨던 어머니의 실천이 내 정책의 밑바탕이 되었다.

"없는 사람을 도와야 네가 진짜 잘되는 거야."

어머니의 말씀은 내게 유언처럼 남았다. 봉사와 기부의 삶, 그것이야말로 어머니가 내게 남겨 주신 가장 큰 선물이자 내가 이어 가야 할 사명이라고 믿는다.

밥보다
따뜻한 마음

누구나 들어올 수 ─── 있는 자리

어머니는 밥을 해 주는 사람을 넘어, 삶을 건네는 분이었다. 밥상 위에 놓인 국과 반찬은 단순한 음식이 아니었다. 그것은 쓰러진 사람을 다시 일으키는 힘이었고, 방황하는 청소년을 다시 집으로 불러들이는 따스한 손길이었다. 따끈한 국물 한 숟가락에는 소박한 정성이 담겨 있지만, 그걸 받아 든 사람의 어깨는 다시 펴졌다. 어머니는 늘 말씀하셨다.

"밥보다 따뜻한 건 마음이야. 밥은 음식일 뿐, 그 안에 담기는 건 정성이지."

우리 집 부엌은 언제나 북적였고 누구든 들어올 수 있었다. 점심, 저녁 무렵이면 마치 동네 사랑방처럼 사람들이 하나둘 모여들었다. 그 밥상은 가족만의 자리가 아니었다. 미용실에서 기술을 배운 제자들, 방황하는 청소년들, 우리말이 서툰 다문화 가정의 젊은 여성들까지 함께했다. 자리가 부족하면 바닥에 신문지를 펴고 앉았고, 국그릇이 모자라면 밥그릇에 국을 덜어 나누어 먹었다. 그래도 누구 하나 불편해하지 않았다. 따뜻한 밥 냄새와 어머니의 웃음이 방 안 가득 퍼져 있었기 때문이다. 웃음은 끊이지 않았고, 밥상은 늘 떠들썩했다. 그 자리에서 어머니는 사람들에게 밥을 주는 동시에, 살아갈 용기를 함께 나누어 주셨다.

이때를 생각하면 아이들에게 미안한 마음이 든다. 가족끼리 단란하게 밥을 먹는 일보다 낯선 사람들이 늘 식탁에 함께 앉아 있었으니 어린 마음에 불편했을지도 모른다. 내 밥자리를 누군가 차지한 것 같아 서운하거나 할머니와 엄마가 다른 사람들을 더 챙기는 것처럼 보이기도 했을 것이다. 그런데도 아이들은 불평하지 않았다. 어머니가 입버릇처럼 말하던 "네가 먹는 이 한 숟가락이, 누군가에겐 인생을 버틸 힘이 된다"라는 말을 기억해서일 것이다. 어머니 덕분에 아이들 밥상머리 교육을 따로 할 필요도 없었다.

생활비를 드리면 어머니는 살림을 줄이는 대신, 더 많은 음식을 준비하셨다. 때로는 음식 재룟값이 생활비의 몇 배가 되기도 했다. "엄마, 이렇게까지 해야 해요?"라고 불평이라도 할라치면, "내가 배불리 잘 먹는 것보다, 같이 나누는 게 하느님이 바라는 삶이니라"라고 말씀하셨다.

미용실에서도 손님이 오면 머리를 다듬기 전 반드시 물 한 잔이라도 내주셨다. 우리 집에 온 사람들을 "빈손으로 보내면 안 된다"라는 것이 어머니의 철칙이었다. 컵에 담긴 미지근한 물 한 잔에도 환대를 잊지 않으려는 어머니의 마음이 담겨 있었다. 그래서일까, 우리 집과 미용실은 언제나 사람들로 붐볐다. 머리를 자르러 온 이들이 아니라, 위로와 따뜻함을 얻으러 온 사람들이었다.

어머니의 밥상에서 ——— 배운 것

누군가를 먹이는 일은 보통의 정성으로 되지 않는다. 한 끼 밥상을 차리는 일에는 쌀을 씻고 국을 끓이는 수고만이 아니라, 상대의 배고픔을 헤아리는 마음과 하루를 살아 낼 힘을 보태려는 진심이 담겨야 한다. 밥은 위장을 채우는 음식이지만, 그 밥을 짓는 마음은 삶을 붙잡는 손이 된다. 그래서 누군가를 먹이는 일은 곧 그 사람을 살리고, 다시 세상 속으로 나아가게 하는 깊은 사랑의 표현이다.

어머니의 삶을 보며 돌봄은 거창한 일이 아니라는 것을 깨달았다. 밥 한 끼를 나누고, 글 한 자를 가르치고, 잠자리 한편을 내어주는 일. 그러나 그 작은 돌봄은 누군가의 삶을 송두리째 바꿔 놓을 수도 있다. 어머니는 그것을 몸소 증명하셨다.

그런데 가끔은 엉뚱한 일도 벌어졌다. 내가 연수를 떠난 사이, 어머니는 뷔페에서나 쓸 법한 큰 반찬통을 10개월 할부로 들여 놓으셨다.

"엄마, 이게 다 뭐예요?"

묻는 내게 어머니는 환한 얼굴로 답하셨다.

"더 많은 사람을 먹이고 싶어서… 꼭 해 보고 싶었어."

그 일을 떠올리면 지금도 웃음이 난다. 엉뚱하지만 그 안에는 분명한 철학이 있었다. 더 많은 사람을 먹이고 싶다는 단순하고도 간절한 소망.

어머니는 늘 새로운 일을 벌이셨고, 그 일들이 때로는 미완으로 남기도 했지만, 마음만은 누구보다 뜨거웠다. 살림살이가 빠듯했지만, 어머니의 마음은 늘 넉넉했다. 나는 소녀 같은 어머니의 모습을 보며 자랐고, 비록 가진 게 많지 않아도 마음이 넉넉하면 삶은 풍성해질 수 있다는 것을 배웠다. 어머니의 작은 도전들은 결국내 안에 용기의 씨앗으로 심어졌다.

종종 내게 "너도 엄마 닮았구나"라고 말하는 사람들이 있었다. 처음에는 기쁘기도 했지만 부담스럽기도 했다. 끝없이 베풀고, 끝없이 나누던 어머니의 삶을 내가 어떻게 따라갈 수 있을까 싶어서였다. 하지만 이제는 어머니를 닮았다는 말을 찬사로 받아들인다. 어머니의 삶은 단순한 여성의 본능이 아니라, 분명한 선택이자 리더십이었다. 누군가를 먹이고 돌보는 일은 '여성이라서'가 아니라 '사람이 사람을 책임지는 방식'이기 때문이다.

정치인이 된 후에야 비로소 깨닫게 되었다. 어머니가 보여 주신 나눔과 돌봄이 곧 정치였다는 사실을. 제도와 정책이 미처 닿지 못한 자리를 어머니는 자신의 삶으로 채우셨다. 집이 없는 이웃에게 밥을 나누고, 학업을 포기한 청소년들을 품는 일은 국가 복지제도에서는 계산되지 않는 영역이다. 그러나 어머니는 그 빈자리를 외면하지 않으셨다. 그 빈자리를 어떻게든 채우려는 마음이, 내가 정치에 나선 가장 근본적인 이유였다. 정치는 제도와 예산을 다루는 일이지만, 그 시작점은 결국 한 사람의 삶을 살피는 눈에서 비롯된다는 것을 어머니의 밥상에서 배웠다. 또한 나눔과 돌봄은 가진 자의 특권이 아니라, 살아 있는 자의 의무라는 것을.

어머니의 돌봄은 언제나 구체적이고 즉각적이었다. 기다림이나 계산이 필요하지 않았다. 시장에서 고구마를 사 오면 그대로 두는 법이 없었다. 부엌 불을 켜고 팬에 기름을 두른 뒤, 막 사 온 고구마를 잘라 바로 튀겼다. 기름이 바글바글 끓는 소리와 함께 달콤한 냄새가 골목으로 퍼지면, 냄새를 맡고 몰려 온 동네 아이들 손에는 어느새 따끈한 고구마튀김이 들려 있었다.

"배고픈데 일이 되겠냐. 먹어야 힘이 나지."

직원들에게 간식은 단순한 음식이 아니었다. 허기를 달래 주는 동시에, 누군가 자신을 바라봐 주는 다정한 마음이었다. 어머니는 먹을 것을 나누며 직원들의 등을 다독였고, 직원들은 그 손길을 기억하며 마음을 다잡았다. 그것은 배고픔을 해결한 일이 아니라, 마음을 일으킨 일이었다.

어머니의 밥상은 늘 넉넉했다. 김밥을 싸면 보통 열 줄, 스무 줄 정도를 생각하지만, 어머니는 백 줄이 기본이었다. 그 많은 김밥은 가족이 아니라 동네 사람들, 혼자 사는 어르신들을 위한 것이었다. 한 줄씩 종이에 싸서 전해 드리는 어머니의 발걸음은 늘 분주했다. 냉장고가 비어 있는 날은 하루도 없었다. 형편이 넉넉하지 않아도 어머니의 나눔과 봉사는 멈추지 않았다.

"콩 한 쪽도 나눠야 그게 진짜다."

그 한마디는 단순한 도덕적 훈계가 아니라, 어머니의 삶을 관통하는 원칙이었다. 어머니는 음식을 나누며 단순히 배고픔만을 덜어 준 게 아니라 존엄을 나눈 것이다. 밥은 하루를 버티게 하지만, 돌봄은 인생을 다시 살게 한다. 밥은 배고픔을 달래 주지만, 돌봄은 존재의 가치를 일깨워 준다.

정치인이 된 지금, 정책을 설계할 때 가장 먼저 떠올리는 것은 숫자나 데이터가 아니라, 어머니의 부엌에서 울려 퍼지던 소리다. 달그락거리는 조리도구 소리, 좁은 부엌을 가득 채웠던 사람들의 웃음소리. 그 장면이야말로 내가 생각하는 '사람을 위하고 생각하는' 복지의 본질이다.

정책은 예산, 수치, 통계, 그래프 등 숫자로 설명되지만, 그 숫자 안에는 사람이 있다. 사람의 얼굴이 떠오르지 않는다면, 정책은 껍데기에 불과하다. 제도는 사람을 일으켜야 하고, 누군가의 삶을 다시 걷게 해야 한다. 그것이 복지의 목적이라는 믿음은 어머니의 밥상에서 배운 교훈이다.

사람들은 정치인이 미래를 그리는 사람이라고 말한다. 그러나 나는 어머니에게서 다른 정의를 배웠다. 정치란 누군가의 오늘을 굶기지 않는 일이다. 내 앞에 있는 사람의 손을 잡아 일으켜 세우는 일이다. 배고픔을 채워 주고, 외로움을 덜어 주고, 존엄을 회복시키는 일. 그것이 정치가 향해야 할 자리다.

어머니의 부엌은 좁았지만 언제나 따뜻했다. 그곳은 내게 진짜 힘은 배를 채우는 밥이 아니라, 사람을 일으키는 돌봄에서 나온다는 것을 알려 준 인생 학교이자 정치학 교과서였다. 앞으로도 나는 그 믿음을 놓지 않을 것이다. 정책의 현장에서, 의회의 회의장에서, 그리고 이웃의 골목길에서도, 어머니의 밥상을 떠올릴 것이다. 밥보다 따뜻한 마음이 있었기에 내가 이 자리에 설 수 있었다. 앞으로도 그 돌봄이 내 정치의 뿌리가 될 것이다.

어머니가
물려주신 유산

내 인생의 빛 하나가 ——
꺼져 갈 때

2015년 5월 15일 새벽 3시, 어머니는 마지막 숨을 고르셨다. 내 평생의 스승이셨던 어머니는 스승의 날 눈을 감으셨다. 새벽의 고요 속에서 어머니는 정갈하게 두 손을 모으고 영면에 드셨다. 임종을 지키던 내게는 세상이 통째로 무너져 내리는 고통이었다.

이웃을 위해, 나를 위해 좁은 곳에서 오랫동안 음식을 만들어 온 탓인지 폐암 선고를 받은 어머니는 하루하루 병세가 악화되었다. 행여 오늘이 마지막이 될까 매일 목욕을 시켜 드리고, 발을 주물러 드리고, "엄마, 조금만 더 버텨요"라고 말하며 기적을 바랐던 날들이 떠올랐다. 최선을 다해 돌봐 드린 기억이 나를 위로했지만,

막상 마지막을 맞이하니 그 어떤 준비도 소용없었다. 폭포처럼 쏟아지는 눈물이 앞을 가렸다. 세상에서 내가 가장 사랑하는 사람, 세상에서 가장 빛나는 존재가 사라졌다.

어머니는 병마와 싸우시면서도 늘 나를 걱정하셨다.

“너무 열심히 살지 말아라. 돈을 너무 많이 벌려고만 하지 마라. 다 벌어도 결국 남들이 쓰고, 너는 골병만 남는다.”

당신이 없는 세상에서 고군분투할 딸을 안쓰러워하며, 삶은 끝없이 쌓아 올리는 것이 아니라 지금 이 순간을 어떻게 채우느냐에 달려 있음을 마지막까지 일깨워 주셨다.

“우리 딸… 아직 할 일도 많고 너무 바쁜데 엄마가 이제는 도와주지 못해서 미안하다… 다른 건 다 괜찮은데 널 두고 가려니까… 너한테는… 그게… 너무 미안해.”

어머니는 마지막 순간까지 손을 모으고 기도하듯 숨을 몰아쉬었다. 병실의 공기는 차갑고 무거웠지만, 어머니는 평생의 기도를 마무리하고 계셨다. 나는 그 곁에 앉아 어머니의 손을 잡고 있었다. 뼈마디만 남은 손가락은 차가웠지만, 여전히 내게는 세상에서 가장 따뜻한 손이었다. 호흡이 가빠지고 목소리가 끊어질 때마다 내 마음도 함께 무너졌다. 마치 내가 세상의 끝에 서 있는 듯, 바닥이 꺼지는 듯한 슬픔이 밀려왔다.

그러나 신기하게도, 마지막 순간의 고통 속에서도 어머니의 얼굴은 평온했다. 마치 이미 오래전부터 준비된 사람처럼, 믿음으로 죽음을 맞이하는 사람이 보여 줄 수 있는 온화한 미소가 어머니의 입가에 스쳤다. 그 모습 앞에서 나는 울음을 터뜨리면서도 동시에 깊은 평화를 느꼈다. 사랑으로 채운 삶은 마지막 순간까지 빛을 잃지 않는다는 것을, 어머니를 통해 뜨겁게 깨달았다.

어머니가 ——— 심어 놓은 꽃씨

어머니의 장례식장에 수많은 사람들이 찾아왔다. '수많은 사람'이라고 단순하게 표현하기엔 부족할 만큼 장례식 내내 조문 행렬이 줄을 이었다. 일가친척, 미용실 손님, 성당 교우, 동네 이웃, 지역 어르신, 각 기관의 기관장님, 시장님까지… 한 번이라도 어머니의 음식을 받아 본 이들까지 먼 길을 마다하지 않았다. 근조화환이 끝없이 들어와서 세워 둘 곳이 없을 정도였다.

살아서도 놀라운 분이었지만, 영면에 드신 이후에도 사람들을 놀라게 만드셨다. 나는 조문객들의 얼굴을 보며 '도대체 우리 어머니는 어떤 사람이었을까' 되묻게 되었다. 그들은 단순히 조문을 온 것이 아니라, 어머니가 자기 삶에 남긴 흔적을 증언하러 온 듯 했다.

"당신 어머니 덕분에 내가 힘내고 살았어요."

"그분은 늘 우리를 먼저 챙겨 주셨죠."

"세상에 이런 분이 또 어디 계실까요!"

그들의 고백을 들으며 나는 울고 또 울었다. 어머니는 내게만 어머니가 아니었다. 수많은 사람들의 어머니였고, 이웃의 버팀목 이었다. 그래서 그 빈자리가 더 크게 다가왔다.

어머니의 임종은 내 삶을 두 갈래로 나눠 놓았다. 어머니가 계실 때와 어머니가 떠난 뒤로. 그전의 나는 일에 몰두하며 미용실과 사업을 키우는 데 집중했다. 어머니가 곁에 있다는 사실은 언제나 든든한 버팀목이었다. 그러나 어머니가 세상을 떠난 뒤, 내 삶의 무게와 방향이 달라졌다. '무엇을 위해 살고 있는가, 어디를 향해 가고 있는가'라는 근본적인 질문 앞에 서게 되었다.

어머니의 삶을 돌아보면, 가장 먼저 '꽃'이 떠오른다. 화려하고 값비싼 꽃이 아니라, 길가에 흔히 피어 있는 들꽃. 누군가는 그냥 지나쳐 버릴 만큼 소박하지만, 가까이 다가가면 은은한 향기가 번 지고, 오래 볼수록 마음이 편안해지는 그런 꽃.

사람들은 흔히 사랑을 말로 증명하려 하지만, 어머니는 행동으로 보여 주셨다. 새벽 어스름 속에서 무릎 꿇고 드리던 기도, 생활비의 절반을 아낌없이 떼어 어려운 이웃과 나누던 선택, 몸이 아파도 봉사 현장을 지키던 헌신. 그 모든 게 어머니가 남긴 사랑의 언어였다. 그 언어는 그 어떤 말보다 깊고, 그 어떤 글보다 선명하게 마음에 새겨졌다.

'큰 소리로 알리지 않아도, 진심은 향기로 남는다.'

누군가의 기억 속에 따뜻함을 심는 것이야말로 진짜 삶이라는 것을 어머니는 평생 몸으로 증명하셨다. 어머니가 떠난 빈자리는 크지만, 그분이 남긴 사랑의 유산은 내 삶을 통해 계속 이어질 것이다. 내가 걷는 모든 길 위로, 어머니가 먼저 심어 놓으신 꽃씨가 조용히 피어나고 있다.

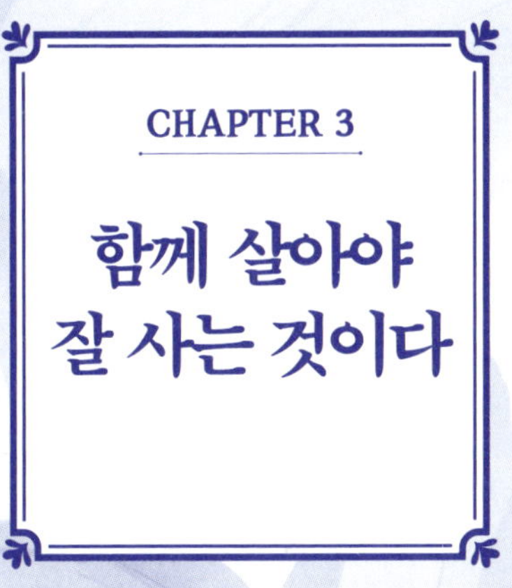

"누군가의 삶을 바꾸는 일은 쉽지 않다.
전부를 바꿀 수는 없지만, 일부를 바꾸는 일은 가능하다.
그리고 그 '일부'가 다시 살아갈 힘이 될 수도 있다.
적절한 교육, 안전한 일상, 그리고 보듬어 주는 사람이 있다면
변화는 얼마든지 가능하다."

큰 그늘을 드리우는
나무처럼

**한 가게의 사장에서 ———
여러 지점의 대표가 되다**

처음 내 가게를 열었을 때는, 급하게 사업을 키울 계획이 없었다. 하루하루 성실히 해 나가는 게 우선이었다. 정해진 시간에 셔터를 올리고, 약속을 지키고, 부족하면 바로 수정했다. 그런 날들이 여러 달 지나면서 매장은 조금씩 숨을 고르기 시작했고, 아버지께 빌린 돈도 모두 갚았다. 이십 대 후반, 여전히 도전하고 싶은 나이었다.

착실하게 모은 돈으로 1호점을 확장하고, 다른 지역에 2호점을 냈다. 이후 3, 4, 5, 6호점까지 파죽지세로 지점을 늘렸고, 아카데미도 운영하기 시작했다. 지역 최고의 미용실로 입소문이 나면서 모든 지점이 문전성시를 이루었다. 두려움에 떨며 '망하면 어떡하지?' 걱정하던 나는 어느새 여섯 개의 미용실과 한 개의 아카데미를 운영하는 사업체의 어엿한 대표가 되어 있었다.

지점을 늘릴 때 가장 신경 쓴 건, 한 매장에서 통하던 방식이 다른 곳에서도 그대로 통한다고 단정 짓지 않는 것이었다. 상권과 손님층이 달라지면 운영 방식도 달라져야 한다. 각 지점에 권한을 나누어 주되, 약속 시간, 보정 원칙, 위생 기준, 재고와 원가 관리, 교육 주기 같은 핵심은 반드시 지키게 했다. 나머지는 현장의 자율성에 맡겼다. 매달 성과를 점검하며 각 지점의 운영 방식을 비교했고, 좋은 건 공유하고 맞지 않는 건 과감히 버렸다.

사람을 늘리는 일은 단순히 숫자를 늘리는 일과는 다르다. 면접에서는 기술보다 태도를 먼저 봤다. 묻고, 듣고, 다시 확인하는 습관을 가르쳤다. "안 됩니다" 대신 "이렇게 하면 됩니다"라고 말하도록 했다.

신입은 첫 달 동안 가위보다 수첩을 더 많이 쥐게 했다. 기록이 쌓이면 같은 실수를 줄일 수 있었다. 월말이면 각 팀이 '이번 달에 고친 것'을 한 가지씩 공유했다. 크고 작은 변화들이 있었지만, 중요한 건 계속 고쳐 나간다는 사실이었다. 그 꾸준함이 다음 달의 성장을 이끌었다.

워킹맘으로
산다는 것

일에 재미를 느끼면서도 행복한 가정을 이루고 싶다는 소망이 있었다. 나를 적극적으로 믿어 주고 어떤 일을 하든 응원해 주는 사람을 만나 결혼을 하고 아이를 낳았다. 아이들이 커 가면서 육아에 대한 고민도 커졌다. 일하랴 아이들 보랴, 하루가 어떻게 가는지 모를 만큼 정신이 없었다. 손으로 우유를 먹일 시간이 없어 아이 입에 병을 물리고 수건으로 받쳐 둔 채 일할 때도 있었고, 우유를 먹이다 앉은 채 잠든 적도 많았다.

아이들이 조금 크자 오전엔 어린이집에 보내고 오후엔 어머니가 봐주셨지만, 밤에는 내가 돌봐야 했다. 곤히 잠든 아이들을 보면 어떻게 이런 귀한 존재가 내게 찾아왔을까 싶어 한없이 예쁘고 좋으면서도 한편으로는 제대로 키우지 못하고 있다는 생각에 눈물이 났다. 언제 생겼는지 모르는 상처를 뒤늦게 발견하면 속이 상해 눈물이 쏟아졌다.

하루하루 고군분투하듯 살아가는 중에도 아이들은 쑥쑥 자랐다. 어느새 어린이집을 졸업하고 유치원에 갈 나이가 되었다. 한숨 돌릴 만했지만, 육아가 끝난 건 아니었다. 아이들은 유치원이 끝나면 미용실로 왔다. 나도 아이들이 너무 보고 싶었고, 아이들도 엄마를 한창 따르며 그리워할 나이였다. 고심 끝에 미용실 한쪽 구석에 커다란 종이 상자를 두고 그 안에서 놀게 했다. 아이들은 파마 도구를 장난감 삼아 놀았고, 손님들은 그런 아이들을 귀엽게 바라봐 주었다.

"어서 오세요. 파마 하시겠어요?"

"네. 예쁘게 해 주세요."

아이들 장단에 맞춰 손님들은 순순히 머리를 내주었다. 힘 조절을 잘 못하는 아이들이라 때로는 머리를 세게 잡아당기기도 했다.

"아이코, 원장님. 아파요."

"예쁘게 되려면 참아야 해요. 아파도 좀 참으세요."

"네, 참을 테니 꼭 예쁘게 해 주세요."

"그럼요, 저만 믿으세요."

이런 대화가 들리면 저절로 웃음이 터졌다. 미용실 안에서 미용실 놀이를 하는 아이들을 보면 웃지 않을 수 없다. 아이들은 내 삶의 원동력이자 무엇과도 바꿀 수 없는 보물이었다.

그러나 일과 육아를 함께하는 건 쉽지 않았다. 매장이 바쁠수록 시간이 빠듯해 아이들 소풍이나 운동회 같은 행사에는 참석하기 어려웠다. 평소 크게 바라는 것이 없던 아이들도 초등학생이 된

후에는 엄마의 빈자리를 더 크게 느꼈던 모양이다.

"할머니가 오시는 것도 좋은데, 이번엔 엄마가 오면 안 돼요?"

아이들 행사에 번번이 가지 못해 늘 마음이 쓰였는데, 그 말을 듣는 순간 이대로는 안 되겠다는 생각이 들었다. 이후로는 소풍이든 학부모회든 아이들 행사가 있으면 어떻게든 시간을 쪼개 참석하려고 노력했다. 지금도 아이들을 생각하면 함께한 시간이 충분하지 못했던 게 미안함으로 남아 있다.

그럼에도 아이들은 너무나 잘 자라 주었다. 지금은 세 딸 모두 미용인이 되어 가업을 잇고 있다. 유치원 '꿈 발표회'에서 세 딸 모두 엄마처럼 미용사가 되는 게 꿈이라고 말하던 모습이 아직도 생생하다. 나를 자랑스럽게 여겨 주는 딸들이 너무나 예쁘고 고마웠다.

지금도 딸들은 어릴 때 가졌던 꿈이 한 번도 변한 적 없다고 말한다. 심지어 미용으로 우리나라에서 가장 큰 기업을 이루겠다는 포부를 갖고 있다. 엄마의 마음을 알아주는 속 깊은 딸들이자 미용 업계의 동료로, 사회에서 자신의 자리를 만들어 가는 청년이자 자신의 꿈을 펼쳐 가는 당당한 여성으로서의 딸들을 볼 때마다 벅차고 고마운 마음이 가득하다.

아이를 낳고 키운 시간은 축복이자, 동시에 워킹맘으로서 하루

하루 버텨야 하는 시간이었다. '왜 이렇게까지 힘들어야 할까'라는 질문을 수없이 되뇌기도 했다. "한 아이를 키우는 데 온 마을 사람들이 필요하다"라는 말처럼, 아이를 사회 구성원으로 키워 내는 일은 개인이 혼자 책임질 문제가 아니라 사회가 함께 고민하고 풀어야 할 일이다.

워킹맘이 안심하고 아이를 맡길 수 있는 환경, 경력 단절 없이 성장할 수 있는 제도, 돌봄과 노동이 함께 존중받는 시스템을 만드는 정책에 깊은 관심을 두고 있다. 그건 여전히 현재진행형인 나의 과제다.

전문성을 키우는 시간

일하랴, 육아하랴, 밥도 제대로 못 먹을 정도로 바쁜 날들이었지만 배움만큼은 놓치고 싶지 않았다. 손끝의 감각만으로는 설명이 부족하다고 느껴졌다. 왜 이렇게 자르는지, 왜 이 순서가 좋은지 정리할 언어가 필요했다. 더 넓은 지식, 깊이 있는 배움에 목이 말랐다.

30대 초반, 늦깎이 대학생이 되었다. 일과 공부를 병행하느라 힘들었지만 오랜만에 학생으로 돌아가니 너무 즐거웠다. 익숙한 기술도 이론으로 들여다보니 전혀 다르게 보였다. 대학뿐만 아니라 어디든, 더 깊고 넓게 배울 기회가 생기면 놓치지 않고 도전하겠다고 마음먹었다.

대학을 졸업하고 전문적인 배움에 더 깊은 갈증을 느낄 무렵, 인생의 전환점을 맞이했다. 아모레퍼시픽에서 운영하는 '팀 아모스Team Amos'의 8기 연구원으로 선발된 것이다. 아모스프로페셔널이 전국의 미용인을 대상으로 인원을 선발한 뒤, 최신 트렌드, 제품 개발, 살롱 경영, 고객 관리, 브랜드 마케팅 등 미용 산업 전반에 관한 전문 지식을 일 년 동안 체계적으로 교육하는 프로그램이었다. 경영자이자 크리에이터로 성장할 수 있는 '살롱 리더십 아카데미'와 같은 역할을 했기에, 전국의 미용인이 선망한 프로그램이었고 그만큼 경쟁도 치열했다.

나는 이곳에서 처음으로 미용을 산업의 관점에서 바라보게 되었다. 제품이 시장에 나오기까지의 연구 과정, 트렌드 데이터를 통한 고객 예측, 브랜드 신뢰를 쌓는 커뮤니케이션 전략까지 모든 게 새로웠다. 무엇보다 전국 각지에서 모인 미용인들과의 교류가 큰 자산이 되었다. 서로의 기술과 철학을 나누며 '미용은 손의 기술이 아니라 사람의 산업'이라는 공통된 깨달음에 도달했다. 일 년간의 '팀 아모스' 연수는 내게 기술을 넘어 경영 감각과 브랜드 철학을 심어 준 결정적 전환점이었다. 이후 지점을 확장하고, 직원 교육 시스템을 정비하며, 지역의 미용 문화를 함께 성장시키려는 용기를 낼 수 있었던 것도 바로 이때의 경험 덕분이었다. 지금도 나는 '팀 아모스'에서 배운 정신을 잊지 않는다. 미용인은 단순히 머리를 자르는 사람이 아니라, 아름다움을 통해 삶을 디자인하는 사람이라는 믿음 말이다.

팀 아모스의 연수가 끝난 뒤에도 배움은 멈추지 않았다. 대학원에 진학해 석사학위를 받고 박사과정에 들어갔다. 석사학위를 취득한 후부터 강의 요청이 이어졌고, 처음에는 청소년 대상 특강으로 시작했다. 피피티를 만들 줄 몰라 동생에게 도움을 받았지만, 이후엔 직접 수정하며 실력을 키웠다.

국가 기술 교사 자격을 취득한 뒤에는 대학과 기관에서 강의 요청이 많아졌다. 현장 경험과 학위를 인정받아 경희대학교 K-뷰티 전문과 과정에 외래 교수로 초빙받아 강의를 나갔다. 새벽에 일어나 움직여도 전라남도에서 서울까지 왕복 10시간이 넘는 강행군이었다. 그래도 강의실에서 마주하는 사람들의 초롱초롱한 눈빛을 보면 피곤함이 눈 녹듯 사라졌다.

말레이시아에서 ———
시작된 K-뷰티 인연

2023년, 말레이시아 마샤대학의 초청을 받아 K-뷰티 전문가로 강연을 했다. 놀랍게도 그곳에는 이미 'K-뷰티학과'가 개설되어 있었다. 다만 이름만 'K-뷰티'일 뿐 한국 교수진이 있거나 전문화된 교육 시스템을 갖추고 있는 건 아니었다.

한국 드라마와 한류 콘텐츠의 영향으로 K-뷰티의 위상은 세계 곳곳에서 높아져 있었고, 말레이시아도 예외는 아니었다. 우리가 미처 알지 못하는 곳에서도 한국의 뷰티 기술과 감성이 주목받고 있다는 사실에 새삼 놀라웠다. 현지 학생들의 반응은 뜨거웠다. 수업이 끝나자 여러 학생이 다가와 말했다.

"교수님, 저희도 꼭 한국에 가서 공부하고 싶어요."

나는 즉석에서 약속했다.

"좋아요. 언제든지 한국에 오세요. 오면 제가 직접 교육도 해 주고, 아름다운 순천도 보여 줄게요."

말레이시아 학생들에게 항공권만 끊어서 오면 나머지는 내가 다 준비하겠다고 약속했고, 그 약속은 일 년 뒤 현실이 되었다. 순천대학교, 제일대학교, 청암대학교 등 지역 대학들과 협력해 3박 5일간의 K-뷰티 연수 프로그램을 기획했다. 오전에는 각 대학에서 전문적인 교육이 진행되었고, 오후에는 순천과 여수, 광양 등지를 돌며 한국 문화를 체험하는 시간이 마련되었다. 첫째 날에는 순천대학교에서 천연 화장품 제조와 연구 과정을 배우며 실습했고, 둘째 날에는 제일대학교에서 발 관리와 풋테라피 교육을 받았다. 셋째 날에는 청암대학교에서 두피 관리 시스템과 최신 기술을 익혔다. 짧지만 밀도 높은 수업이었고, 학생들은 한국 미용의 기술 수준과 교육 체계에 깊은 인상을 받았다. 오후에는 관광 프로그램을 통해 각 도시의 다양한 면모를 보여 주었다. 교육과 문화 체험을 함께 엮은 이 과정은 'K-뷰티를 배우는 경험'을 넘어 'K-뷰티가 살아 숨 쉬는 도시'를 만나는 시간이 되었다.

말레이시아 대학 강단에서 시작된 인연이 순천에서 다시 이어졌다는 사실이 감격스러웠다. 무엇보다 한국에서 K-뷰티를 배우고 싶다던 학생들의 꿈을 현실로 만들었다는 점이 큰 보람이었다. 그리고 이 경험은 분명한 사실 하나를 다시 깨닫게 해 주었다.

교육은 국경을 넘어 사람과 도시를 연결한다는 것, 그리고 배우고자 하는 열망이 있다면 순천 역시 세계로 향하는 교실이 될 수 있다는 것이다. 나 또한 더 많은 경험을 하고 더 깊게 배울수록 시야도 한층 넓어졌다. 좁은 식견에서 벗어나 더 큰 그림을 보게 되었다. 그리고 이런 과정을 통해 순천을 K-뷰티 도시의 허브로 만들겠다는 생각이 자연스레 싹텄다.

나무가 그러하듯 조용히, ———
그러나 꾸준히

누군가는 과거의 나를 "성공을 향해 질주하는 야생마" 같다고 말했다. 틀린 말은 아니다. 돌아보면 그 시절 나는 정말 쉬지 않고 달렸다. 아침이 오기 전에 출근했고, 마지막 손님이 돌아간 뒤에도 가게 불을 끄지 못했다. 내가 선택한 일에서 반드시 성공하겠다는 마음이 강했다. 그만큼 간절했고 절박했다.

그러나 지금 돌이켜 보면, 그때 내가 달렸던 이유는 많은 돈을 벌거나 남보다 빨리 앞서가기 위해서가 아니었다. 내 손으로 삶을 세우고, 사랑하는 사람들과 더 단단한 내일을 만들고 싶었기 때문이다.

많은 사람들이 성공을 '크기'와 '속도'로 말한다. 매출이 얼마인지, 몇 개의 지점을 냈는지, 얼마나 빨리 성장했는지가 척도가 된다. 하지만 내게 성공이란 그런 숫자만으로는 다 설명되지 않았다. 내가 원하는 성공은 '양量'이 아니라 '질質'이 함께 커지는 것이었다. 겉으로는 화려해도 속이 텅 비어 있다면 오래가지 못한다.

반대로, 시간이 오래 걸리더라도 안에서부터 단단해지면 그 성장은 쉽게 꺾이지 않는다.

그래서 내가 가장 좋아하는 성공의 비유는 '나무'다. 나무는 서두르지 않는다. 하루아침에 키를 키우지도 않고, 조급하게 열매를 맺으려 하지도 않는다. 제 속도로 물을 올리고, 계절의 변화를 견디며, 해마다 보이지 않는 속살에 단단한 나이테를 차곡차곡 쌓아 올린다. 그 시간이 쌓이고 나서야 비로소 나무는 사람들에게 그늘을 내어 주고, 새가 날아와 쉬어 가는 가지를 만들고, 바람이 스치며 향기를 멀리까지 실어 나른다.

세상은 늘 "더 높이", "더 빨리"를 외치지만, 나는 "더 오래, 더 깊게"를 택하고 싶었다. 왜냐하면 내게 성공이란 결국 높이의 문제가 아니라 지속의 문제였기 때문이다. 경쟁에서 이기는 게 성공이 아니라, 내가 심은 나무 아래에서 더 많은 사람이 쉬어 갈 수 있게 만드는 게 중요했다. 작은 그늘이라도 내 손으로 만들면, 그 아래에서 누군가는 잠깐 숨을 고를 수 있고, 또 누군가는 다시 힘을 내어 길을 나설 수 있다. 내가 만든 그늘이 한 사람의 쉼터가 되고, 그 쉼이 또 다른 가능성으로 이어지는 것, 그것이 내가 바라는 성공의 모양이었다. 그늘이 넓어질수록 가지치기가 필요하고, 열매를 나눌수록 다음 해를 위한 거름을 마련해야 한다. 그 수고를 기꺼이 감당하겠다는 다짐, 그것이 내게는 성공의 본질이었다.

앞으로도 나는 그렇게 살고 싶다. 눈부신 확장보다 누군가가 잠시 쉬어 갈 수 있는 그늘을 만드는 일. 내가 가진 것을 열매처럼 나누는 일. 그리고 결과가 소란스럽지 않더라도 향기처럼 오래 남는 일이 되기를 바란다. 나무가 그러하듯, 조용히 그러나 끊임없이. 내일도 같은 자리에서 같은 마음으로 한 해 한 해 나이테를 쌓아 가고 싶다. 그리고 언젠가 내가 만든 그늘에서 누군가가 쉬어 가고, 다시 나아갈 용기를 얻는다면, 그것만으로도 내 삶은 성공했다고 말할 수 있을 것이다. 뿌리 깊은 나무가 되어 더 많은 이가 쉴 수 있게 힘차게 뻗어 나갈 것이다.

나와의 약속을
지킨다는 것

조금 더 성실하게 살아가려고 ——
애쓰는 사람일 뿐

일터에 사람이 늘면서 정작 나는 밥 한 끼 제때 먹기 어려워졌다. 손님이 끊이지 않아 물 한 모금도 미루고, 화장실 갈 틈조차 없었다. 그렇게 버티다 보니 위가 약해지고 변비도 심해졌다.

어머니는 베란다에서 키운 알로에 잎을 매일 잘라 손질해 야쿠르트와 함께 갈아 내게 건네셨다. 점심은 주로 간단히 먹을 수 있는 김밥으로 때웠다. 손에서 가위를 놓을 새가 없어 어머니가 "제비 새끼처럼 입만 벌려도 된다"며 직접 싼 김밥을 내 입에 넣어 주셨다. 내가 씹고 삼키는 동안에도 예약 전화가 울렸고, 다음 손님이 문을 열고 들어왔다.

지점이 여섯 곳으로 늘면서 차로 이동하는 시간이 길어졌다. 점심 식사로 탄수화물을 먹으면 졸음이 쏟아져 운전이 위험해졌다. 그래서 어머니가 아침마다 싸 주신 야채 도시락을 차 안에서 조금씩 집어 먹으며 지점들을 돌았다.

서른 살 무렵까지는 손이 비는 틈에 빵이나 과자, 인스턴트로 허기를 달랬다. 그런 생활이 이어지자 몸이 이상 신호를 보냈다. 감기에 걸리면 한 달은 끌었고, 보약을 먹어야 겨우 회복되었다. 술도 마시지 않았지만, 스트레스가 많아 콜레스테롤과 지방간 수치가 높았다. 30대에 받은 건강 검진에서 신체 나이가 40대로 나올 정도였다.

직업의 대가도 있었다. 오래 서서 일하다 보니 하지정맥류 수술을 받았고, 하루에 50명 넘게 머리를 하던 시절엔 팔이 굳어 제대로 들지 못할 만큼 아팠다. 마치 테니스 엘보처럼, 과하게 쓴 만큼 돌아오는 통증이었다.

이래서는 안 되겠다 싶어 정신을 바짝 차렸다. 매일 아침 한 시간 남짓 가야산 약수터 코스를 걷고 야채 도시락을 꾸준히 먹었다. 그렇게 3년쯤 지나자 몸이 확실하게 달라졌다. 40대 중반 건강 검진에서는 혈관과 체력이 30대 중반 수준이라는 평가를 받았다. 지금은 나이보다 열 살은 젊게 사는 기분이다.

몸이 지치면 마음도 날카로워지기 마련이다. "나는 이렇게 열심히 사는데…"라는 억울함이 쌓여 가까운 가족에게 짜증을 내기도 했다. 착하게 살고 봉사한다고 스스로를 높이려 했던 마음이 얼마나 위험한지, 나는 신이 아니라 그저 조금 더 성실하게 살아가려고 애쓰는 사람일 뿐이라는 걸 깨닫지 못했다면 얼마나 오만한 사람이 되었을까. 생각만 해도 아찔하다.

머리를 다듬는 일에서 ──── 삶을 보듬는 일로

손님들은 머리를 자르며 마음속 이야기를 자주 꺼냈다. "오늘 이혼하러 간다"는 말에 한참을 함께 앉아 생각을 정리해 준 적도 있었다. 남에게는 꺼내지 못할 고민을 털어놓는 사람들에겐 내 입장보다 그들의 내일을 먼저 묻고, 지금 당장 무엇을 해야 덜 후회할지 차근차근 짚어 주었다.

기도가 필요하다고 말하는 손님과는 손을 잡고 함께 눈을 감았다. 샴푸대의 미지근한 물, 드라이 바람의 박자, 가위 끝의 리듬 사이로 숨을 고르고 표정이 풀리는 순간이 있었다. 머리카락의 길이가 바뀌는 동안, 마음의 방향이 달라지는 장면을 나는 여러 번 보왔다. 내 일은 머리를 다듬는 일에서 시작해, 삶을 보듬는 일로 번져 갔다.

그런 시간이 쌓이면서 우리 미용실은 어느새 동네 사랑방이 되었다. 취업 면접을 앞둔 청년은 와이셔츠 깃을 만지며 "자기소개 마지막 문장, 뭐가 좋을까요?"를 물었고, 항암 치료 중인 이웃은 모자를 벗었다가 다시 쓰며 "오늘은 짧게, 가볍게 부탁해요"라고 속삭였다. 아이를 데리고 들어온 싱글 아빠는 드라이 소리에 잠든 아이를 품에 안고 한쪽 의자에서 고개를 떨구었다.

계산대 한쪽에는 휴대폰 충전기와 비상용 핫팩, 배고픈 사람을 위한 간식 통이 늘 준비되어 있었다. 오후가 깊어지면 사랑방의 풍경은 더 따뜻해졌다.

"시장 사거리 공사 다음 달부터래요."

"초등학교 돌봄교실 추가로 뽑는다네요."

거울을 사이에 두고 이런저런 동네 소식이 오갔다. 벽에는 구인구직 전단을 붙이는 작은 게시판을 두었고, 갑작스러운 위기에 처한 손님이 연락할 만한 상담소와 법률구조, 아이 돌봄 센터 등의 연락처를 메모해 카운터 서랍에 넣어 두었다.

가끔은 머리보다 마음을 먼저 다듬어야 할 때도 있다. 장례식을 앞둔 손님에겐 말수를 줄였고, 법원에 가야 하는 분에겐 앞머리

한 올까지 반듯하게 맞춰 드렸다. 머리를 말리는 몇 분 사이에도 서로에게 작은 등불이 되었다. 이름 모르는 사이여도 "힘내요!"라는 눈짓은 전해졌다. 그렇게 우리 미용실은 헤어숍이면서 쉼터였고, 고민 상담소이자 다시 살아갈 힘과 용기를 얻는 곳이었다.

영업을 마친 후 거울을 닦고 빗을 가지런히 정돈하며 나는 하루 동안 오간 이야기들을 떠올렸다. 미용실 곳곳엔 웃음, 한숨, 결심, 눈물로 남은 온기가 여전히 느껴졌다. 불을 끄고 문을 닫을 때마다 기도했다. 이곳이 삶에 지친 사람들이 언제든 찾아올 수 있는 공간이 되기를, 잠시라도 따뜻하고 편안하게 쉴 수 있는 장소가 되기를. 그것이 매일 내가 자신에게 하는 약속이었다.

일이 의미 있는 —— 일상이 되다

일에만 몰두할 수 있었던 건 내 힘만으로 된 일이 아니었다. 새벽마다 도시락을 챙겨주고, 피곤한 기색을 숨기려 애쓰던 가족의 헌신이 큰 버팀목이 되었다. 그래서일까. 받은 마음을 돌려주겠다는 약속이 내 안에서 일찍 자라났다.

가족이든 손님이든 이웃이든 도움이 필요하면, 내 자리에서 할 수 있는 일에 최선을 다하자. 그 약속을 나는 늘 되새겼다. 한 사람이라도 대충 지나치지 말 것. 힘든 마음으로 앉은 손님에게는 말보다 시간을, 급히 일자리가 필요한 청년에게는 응원보다 연락처를 건네는 사람이고 싶었다.

또 하나의 약속은 함께 일하는 식구들의 밥부터 챙기는 일이었다. 워낙 살뜰하게 어머니가 챙겨 주셨기에 실제로 내가 밥을 하는 일은 거의 없었지만, 누군가 식사를 거른 채 들어오면 뭐라도 먹을 것부터 권했다. 그리고 부족한 솜씨지만 어머니처럼 손수 밥을 차려 주었다. 머물 곳이 없는 이들에게는 잠시 쉴 자리를, 장기적으로 도움이 필요한 이들에게는 쉼터를 연결해 주었다.

누군가에겐 사소한 일이 누군가에겐 얼마나 까마득하고 멀기만 한 일인지 생각하면, 그냥 지나칠 수 없었다. "어떻게 그렇게까지 하냐?"는 말을 들을 때마다 나는 늘 한결같이 대답했다. 내가 특별해서가 아니라, 수많은 도움 속에서 살아왔기 때문이라고.

많은 문제를 해결하면서 살다 보면 자신이 신이라도 된 듯 착각할 때가 있다. 모든 사람을 구원할 수 있다는 생각은 망상이다. 나 역시 선행을 많이 베풀겠다는 욕심을 경계했다. 혼자 잘났다는 생각은 잠깐 우쭐하게 할 뿐, 금세 마음을 가난하게 만든다는 걸 여러 번 경험했다. 그렇기에 결과보다 과정, 박수보다 일상의 꾸준함을 더 귀하게 여겼다.

"함께 사는 게 잘 사는 것이다."

이 단순한 문장을 내 삶의 규칙으로 삼았다. 내 앞에 앉은 사람에게 따뜻한 밥 한 끼처럼 힘이 되는 일을 할 것. 바쁘다는 이유로 약속을 미루지 말 것. 받은 도움을 머물게 하지 말 것. 이 세 가지 약속을 지킬 때, 일은 단순한 일이 아니라 의미 있는 일상이 된다는 걸 늘 잊지 않았다.

길 위의
아이들

생활이 먼저, ——
기술은 나중

미용실을 운영하며 청소년 아이들을 오래 데리고 있었다. '데리고 있었다'라는 표현이 어색하게 들릴지 모르지만, 학교를 그만두거나 집을 나와 갈 곳 없는 아이들이 기술을 배우고 싶다며 찾아왔고, 나는 그들을 먹이고 재우며 기술을 가르쳤다. 그러니 그 표현이 꼭 틀린 것만은 아니다. 거창한 의도가 있었던 건 아니다. 주소와 보호자는 있어도, 일상을 지탱해 줄 어른이 없는 아이들, 제도 밖에서 비를 맞고 서 있던 아이들에게 잠시라도 의지할 곳을 만들어 주고 싶었다. '함께 살며 가르친다'는 방식은 계획보다 필요에서 나왔다. 함께 살면 생활의 균형이 잡히고, 생활이 서야 기술도 선다는 걸 알았기 때문이다.

처음에는 한 명이었지만, 여러 명이 우리의 공간을 거쳐 갔고 이후 각자 자리를 찾아 나갔다. 방을 나눠 쓰고, 시간표를 맞추고, 서로의 생활을 조금씩 양보했다. 누구는 아침형, 누구는 올빼미형 이라도 공동생활을 할 수 있도록 최소한의 약속을 정했다. 늦게 들 어오면 메시지를 남기고, 다음 날 일정을 공유하고, 공용 공간은 함께 쓰는 사람이 불편하지 않도록 정리하는 등 단순한 규칙들을 세웠다.

밤늦게 돌아오지 않는 아이를 찾아 밤새 동네를 헤매던 날도 있었지만, 다음 날이면 식탁에 둘러앉아 다시 이야기를 나눴다. 그 렇게 함께 지내는 동안 기본적인 생활 습관과 질서를 만드는 데 힘 을 쏟았다. 그 경험은 곧 일할 때의 태도로 이어졌다. 함께 지내며 복닥거린 시간이 헛되지 않았다는 걸 확인하는 순간이었다.

우리 가족은 그 시간을 기꺼이 함께해 주었다. 같은 지붕 아래 서로 부대끼며 상대의 속도를 이해하려 노력했다. 집은 좁았지만, 마음의 크기만큼은 조금씩 넓어졌다.

기술을 배우고 싶다는 아이들이 계속 나를 찾아왔다. 한 명이 라도 더 가르치고 싶었지만, 오는 아이들을 전부 받을 수는 없었 다. 대신 차례로 이야기를 들었다. 학교를 떠난 지 오래된 아이도 있었고, 어떤 아이는 중학교 과정조차 마치지 못했다. 10대 혹은 20대, 아직 앞날이 창창한 아이들이었다. 이들에게 '너무 늦은 때'란 없다고 믿었다. 오늘부터 달라지면 된다는 믿음으로 아이들을 품었다.

함께 산다는 건 서로의 하루를 들여다보고, 좋은 습관을 꾸준히 만들어 가는 일이다. 생활의 질서가 잡히자, 기술은 자연스럽게 따라왔다. 그렇게 며칠, 몇 달, 몇 해를 보내고 나니, 아이들의 눈빛이 달라졌다. 빨리 변한 듯 보여도, 사실은 아주 느린 변화였다. 그 느린 변화의 뒤에는 함께 생활하며 쌓아 올린 무수한 반복이 있었다. 그 반복이 결국 한 사람의 삶을 다른 궤도로 올려 놓았다.

하지만 시간이 흐를수록 이 방식을 오래 이어갈 수 없다는 한계에 부딪혔다. 집이라는 공간만으로는 감당하기가 어려웠다. 더 넓은 공간, 더 안정적인 제도, 더 나은 일자리로 이어지는 길을 고민할 수밖에 없었다.

사과하는 법, 다시 시작하는 법

아이들에게 내가 가장 먼저 가르친 건 가위질이 아니었다. 시간 약속을 지키는 법, 부탁받았을 때 대답하는 법, 실수했을 때 멈추고 사과하는 법 같은 생활의 첫 단추를 끼우는 일이었다. 기술은 두 번째였다.

어느 날, 막 들어온 아이가 손님 옷에 염색약을 묻혔다. 아이 얼굴이 하얗게 질렸다. "죄송합니다"라는 말이 목에 걸려 나오지 않는 듯했다. 나는 먼저 손님께 상황을 설명하고 얼룩을 닦아 드린 뒤, 아이를 불렀다.

"이럴 땐, 어떻게 말해야 할까?"

목소리가 너무 작아서 들리지 않거나 너무 빨리 말해 진심이 느껴지지 않으면 거울 앞에서 몇 번이고 연습을 거듭했다. 아이는 다시 숨을 고르고 또박또박 말했다.

"죄송합니다. 제가 어떻게 해 드려야 할까요?"

그제야 손님 표정이 풀렸다. 그날 저녁, 뒷수습 절차와 여러 방법을 함께 정리했다. 아이는 그날 이후 같은 실수를 반복하지 않았고, 혹여 문제가 생겨도 도망치지 않았다. 실수를 인정하고 고치는 법을 배운 것이다.

다양한 아이들과 함께 지내다 보니, 생전 처음 겪는 일들도 많았다. 은수(가명)는 보호관찰 대상이었다. 일주일에 한 번, 보호관찰관을 만날 때마다 동행했다. 우리는 늘 약속 시간보다 십 분 먼저 도착해, 관찰관이 오기 전까지 그 주에 있었던 일들을 간단히 점검했다.

시간이 흘러 꾸준히 함께한 끝에, 은수의 청년 보호·감찰 기간이 마침내 끝이 났다. 그동안 한 걸음 한 걸음 나아가는 모습을 지켜보며 나 역시 감회가 깊었지만, 누구보다 기뻐한 건 은수의 어머니였다. 무사히 기간을 마무리하고 어엿한 사회인이자 미용인으로 성장한 딸의 모습이 그분에게는 말로 다 할 수 없는 기쁨이었다. 혼자 감당하기 어려웠던 시간을 함께해 준 내게 감사의 마음을 전하며, 한동안 매주 직접 만든 밑반찬과 과일을 보내 주셨다. "은수를 잘 부탁한다"라는 말과 함께. 그 정성 속에는 단순한 감사 이상의 마음이 담겨 있었다. 아이의 삶이 다시 궤도를 찾을 수 있도록 곁을 지켜 준 시간, 그것이 그들에게 얼마나 큰 의미였는지를 느낄 수 있는 순간이었다.

물론 속 끓는 일도 있었다. 한번은 밤늦도록 연락도 없이 집에 들어오지 않은 은수를 찾아 무작정 밖으로 나갔다. 큰소리로 이름을 부르며 은수가 갈 법한 곳을 찾아다녔다. 그러다 어둑한 가로등 아래, 남학생 무리에 둘러싸여 있는 은수를 발견했다. 멀리서도 한눈에 은수라는 것을 알아차렸다. 이름을 부르기도 전에 발이 먼저 움직였다. 무리를 헤치고 은수의 손부터 꽉 잡았다.

"여기 있었구나, 한참 찾았어. 이제 됐다. 집에 가자."

내 손에 잡힌 작은 손이 바르르 떨렸다. 혼자 얼마나 무서웠을까 싶어 꾸짖을 마음도 나지 않았다. 집으로 돌아와 따뜻한 물에 씻기고, 앞으로 할 일 두 가지만 정했다.

"은수야, 친구 만나서 놀아도 좋고, 늦게 들어와도 좋아. 그런데 늦으면 늦는다고 꼭 연락하자. 그리고 새로운 친구를 사귀는 건 좋지만, 혼자 남자애들이랑 있는 건 조심하자. 약속할 수 있지?"

은수는 고개를 푹 숙인 채 말없이 고개만 끄덕였다. 은수의 등을 툭툭 쳐 주곤 각자 잠자리에 들었다. 그날 일에 대해 충분히 생각할 시간을 주고 싶었다. 이후로도 몇 번씩 은수를 찾으러 다니긴 했지만, 위험한 일은 생기지 않았다. 은수도 외출 전 늘 누구와 어디 가는지 말하는 습관이 생겼다.

아무리 진심으로 말해도, 사람은 한 번 말한다고 변하지 않는다. "내가 말했는데 왜 약속을 안 지키냐!"라고 혼낸들 오래된 습관은 쉽게 바뀌진 않는다. 그래서 나는 혼내기보다 믿어 주기로 했다. 잘못하면 알려 주고, 더 나은 방식을 가르치며 인내하는 게 내 몫이었다.

돌아보면, 내가 한 일은 대단한 일이 아니었다. 작은 약속을 함께 지키고, 실수했을 때 도망가지 않게 곁에 서 있었을 뿐이다. 그러나 작은 일이라도 꾸준히 반복하면 변하기 마련이다. 은수도 어느 날부터 눈빛과 표정이 달라지기 시작했다. 잘못했을 때 '사과하는 법'과 실수해도 '다시 시작하는 법'을 익힌 아이들은, 어느새 스스로 약속을 지키는 사람이 되었다.

밤이 지나면 ——— 아침이 오듯

많은 아이들을 가르쳤지만, 그중에서도 수영(가명)이가 특히 기억에 남는다. 미용 기술을 배우고 싶다며 찾아온 그에게는 이제 막 두 돌이 지난 아이가 있었다. 이십 대 초반, 자기 삶조차 추스르기 버거운 나이에 육아까지 해야 했으니, 하루하루가 무척 버거웠을 것이다.

어느 날 그는 최악의 경우 입양까지 생각하고 있다고 털어놓았다. 이미 체념이 묻어 있는 목소리였다. 그 마음을 이해하지 못하는 건 아니었지만, 동시에 후회가 남을 선택은 막아야겠다고 생각했다. 그래서 조심스럽지만 단호하게 말했다.

"그래도 네가 키워야지. 네가 그 아이의 엄마잖아. 세상 누구보다 네가 제일 잘 키울 수 있어. 혼자서 힘들면 내가 도와줄게."

그렇게 다독이며 함께 방법을 찾아보려 했지만, 어느 날 수영이는 아무 말도 남기지 않은 채 아이를 두고 홀연히 사라졌다. 다방면으로 수영이를 찾으며 돌아오기를 기다렸지만, 몇 달이 지나도록 소식조차 없었다. 남겨진 아이를 방치할 수 없었기에, 내가 아이의 엄마가 되어 주기로 마음먹고 입양 절차를 알아보았다. 동사무소와 협의하고 서류를 준비하며, 우리 가족 모두 그 아이를 진심으로 품었다. 어린이집 등하원을 함께하고, 내 딸들도 아기를 막냇동생처럼 여기며 기저귀를 갈고 우유를 타서 먹였다. 아이는 어머니를 떠나보낸 내 마음의 빈자리를 채워 주었고, 우리 가족에게 더 큰 화목을 안겨 주었다.

입양 절차가 꽤 진행되고 있을 무렵, 수영이가 돌아왔다. 아이에 대한 사랑이 결국 그녀를 되돌린 것이다. 수영이는 육아에 전념하기 위해 일을 그만두고 친정으로 돌아갔다. 이후 다시 미용실에 취업해 아이를 키우며 일하고 있다고 들었다. 처음 우리 가게에 왔을 때는 미용에 대해 아무것도 몰랐지만, 스태프의 기본기를 배우며 조금씩 변화했다. 짧은 시간이었지만, 미용이라는 세계를 알게 된 경험은 그녀에게 중요한 씨앗이 되었을 것이다.

"원장님 덕분에 기술을 배우고, 그걸로 다시 일어설 수 있었어요. 아이와도 같이 살고요. 원장님은 정말 좋은 분이세요. 원장님께 늘 감사하는 마음으로 살고 있어요."

그 말을 직접 듣지는 못했지만, 누군가가 수영이의 소식을 전해 주었다. 짧은 시간이었지만, 내가 건넨 말 한마디와 함께한 시간이 누군가의 삶을 바꾸는 전환점이 되었다는 사실이 내게는 무엇보다 큰 보람이었다. 그리고 그 경험을 통해 다시 한번 깨달았다. 사람을 살리는 건 거창한 제도나 큰돈이 아니라, 포기하지 않고 곁을 지켜 주는 마음이라는 것을.

은수는 보호관찰을 벗어나 밤마다 길거리를 헤매는 습관을 바꾸었으며, 수영이는 아이의 손을 더 단단히 잡게 되었다. 말도 많고 탈도 많았지만, 내 간절한 마음이 이들의 마음에 닿았던 덕분일까. 밤이 지나면 아침이 오듯 이들은 과거의 어둠을 지나 당당히 자기 인생을 살게 되었다. 사람을 살리는 기술을 가졌다는 게 그때만큼 뿌듯한 적이 없었다.

실수해도 괜찮아,
　　다시 시작하면 돼

학교 밖 청소년이 ——
사회 안으로 들어오려면

기술을 배우고 싶어 하는 아이들이 늘어났지만, 혼자 감당하기엔 자원이 턱없이 부족했다. 좀 더 나은 환경에서 아이들을 가르치고 싶었다. 관공서를 찾아다니며 지원을 알아보고, 시에서 진행하는 사업도 찾아보았다. 더 넓은 장소를 찾기도 했지만, 마음에 드는 곳은 소방법에 걸렸고, 조건이 맞으면 접근성이 떨어졌다.

그러는 사이 독립하는 아이들이 하나둘 생기면서 새로운 아이를 받을 여력이 생겼다. 새로 들어온 아이에게는 일과 학습을 병행하는 루틴을 만들어 주려고 노력했다. 단순히 '할 수 있다'는 다짐에 그치지 않고, 실제로 '해냈다'는 성취의 기록을 만들어 주고 싶었다. 다행히 우리가 함께했던 노력은 헛되지 않았다. 고등학교를 중퇴했던 한 아이가 검정고시를 통과하고 미용 자격증을 따 스태 프로 일하게 되었고, 점차 자신의 길을 넓혀 갔다.

아이들이 사회와 단절되지 않도록 중간 연결도 놓치지 않았 다. 지역 학교와 협력해 현장 실습과 학점 연계를 만들고, 복지·상 담·보호관찰 기관과 긴밀히 연락했다. 아이가 낮에는 잘 버텨도 밤에는 흔들릴 수 있기에, 서로 긴급 연락망을 공유하고 위기 시 즉시 도움을 요청할 수 있는 짧은 절차를 마련하기도 했다.

누군가의 삶을 바꾸는 일은 쉽지 않다. 전부를 바꿀 수는 없지 만, 일부를 바꾸는 일은 가능하다. 그리고 그 '일부'가 다시 살아갈 힘이 될 수도 있다. 적절한 교육, 안전한 일상, 그리고 보듬어 주는 사람이 있다면 변화는 얼마든지 가능하다.

누군가 자신을 봐주는 어른이 있다는 것, 실수를 해도 다시 일 어설 수 있다는 것, 잘못을 용서받기 위해 책임을 질 수 있다는 것 은 아이들만의 의지로 되는 일이 아니다. 어른들이 함께 노력해야 한다. 눈에 보이지 않아도 작동하는 사회적 안전망이 마련될 때, 학교 밖 아이들도 자연스레 제자리를 찾게 될 것이다.

멈추고,
다독이고, 다시

아이들과 함께하는 시간은 내게도 큰 배움의 시간이었다. 나는 성격이 급하고 말도 빠른 편이다. 목소리도 카랑카랑해서 빠르게 말하면 화를 내는 것처럼 들리기도 한다. 그런 나를 보고 기가 약한 아이들은 주눅이 들기도 했다. 조금씩 고치려 노력했지만 쉽지 않았다. 그럴 때마다 내가 가장 자주 한 말은 "괜찮아"였다. 이 말은 아이들에 건네는 말이자, 동시에 나 자신에게 하는 위로였다.

실수를 완전히 없앨 수는 없다. 다만 다시 시작하는 법을 배울 뿐이다. 나 역시 초보 시절엔 실수를 수도 없이 했다. 그러나 실수가 나를 흔들던 시간이 지나고, 그것을 바로잡는 시간이 온다는 걸 배우면서 점차 실력도 늘었다. 아이들에게도 이 과정을 알려 주고 싶었다.

"멈추고, 다독이고, 다시 하면 된다."

내가 먼저 나에게 "괜찮아"라고 속삭이면, 그 말은 아이들에게도 전해졌다. 초보 스태프가 린스를 지나치게 많이 짰을 때, 나는 수건을 건네며 천천히 시범을 보여 주었다.

"여기까지만, 그리고 한 번 멈추고."

지적만 하고 끝내기보다는 어떻게 하면 더 잘할 수 있는지 차근차근 순서를 알려 주면, 실수는 혼자만의 잘못이 아니라 같이 개선하는 협력이 된다. 나는 아이들이 실수를 전혀 하지 않는 사람이 되기보다 실수를 인정하고 바로잡을 줄 아는 사람이 되길 바랐다.

미용실 안에서는 실수해도 괜찮았다. 다시 바로잡으면 되니까. 그러나 미용실 밖의 세상은 늘 그렇게 관대하지만은 않았다. 그래서 아이들에게 하나라도 더 가르쳐 주고 싶었다. 좌절을 먼저 배운 아이들에게 기술이 인생의 버팀목이 되어 주길 바랐다.

우리는 자주 넘어졌지만, 그때마다 방법을 찾았다. 세상의 문이 잠시 닫혀도, 나와 아이들이 다시 문을 열면 되었다.

"어서 오세요."

이 말은 고객에게만 하는 말이 아니었다. 세상으로 나아가는 아이들에게 전하는 환영의 말이기도 했다. 세상에는 누구에게나 자신만의 자리가 있고, 거친 길 끝에는 따뜻한 온기가 기다리고 있으며, 손을 내밀면 잡아 주는 사람이 있다는 것을 아이들이 경험하길 바랐다.

무엇보다 오늘 하루가 아이들을 지켜 주는 평온한 하루가 되기를 간절히 바랐다. 세상이 완벽한 사람만 받아들이는 곳이 아니라는 믿음, 그리고 그 믿음을 품고 다시 일어서는 아이들을 만나는 일은 내게 그 무엇과도 바꿀 수 없는 큰 기쁨이었다.

다문화
여성들과의 만남

마리안느와 ——
마가렛

내 인생을 바꿀 정도로 큰 영향을 미친 영화가 한 편 있다. 〈마리안느와 마가렛〉이다. 2017년 3월, 영화를 보기 위해 혼자 영화관을 방문했다. 개봉 전부터 너무나 보고 싶어 손꼽아 기다린 작품이었다. 시간만 허락되면 몇 번이고 보고 싶을 정도로 지금도 여전히 좋아하는 영화다.

이 영화는 소록도에서 한센인(한센병 환우)들을 위해 평생을 헌신한 오스트리아 간호사인 마리안느 스퇴거와 마가렛 피사렉의 삶을 그린 다큐멘터리다. 두 사람은 인스브루크 간호학교를 졸업한 뒤 1960년대에 소록도 국립병원으로 건너와 각각 39년, 43년 동안 환자 곁을 지켰다. 그러다 나이가 들자 2005년 "짐이 되고 싶지 않다"라는 짧은 편지만 남기고 조용히 고국으로 돌아갔다. 그들의 헌신과 믿음, 봉사의 발자취가 담긴 이 영화는 내 마음 깊숙이 파문을 일으켰다.

영화에서 가장 인상적인 장면은 '존엄을 지키는 돌봄'이었다. 봉사는 거창한 구호가 아니라 매일의 선택이라는 것을 또 한 번 깨달았다. 저 멀리 유럽에서 온 생면부지의 사람들이 어떻게 그런 헌신을 할 수 있었을까. 영화를 보는 내내 눈물이 멈추지 않았다. 연대와 돌봄의 진정한 의미를 깊이 생각하게 했다.

영화를 보며 어머니가 떠올랐다. 기도하는 손으로 세상을 붙들던 분, 가진 것을 나누며 기쁨을 느끼던 분, 그리고 세상을 떠나는 순간까지 남을 위해 기도하던 분이었다. 마치 어머니가 스크린을 통해 내게 다시 말을 걸어오는 듯한 느낌이었다.

"내가 다 하지 못한 일을 네가 이어 가야 한다."

영화가 끝나고 자막이 다 올라갔는데도 화면이 꺼지지 않은 것처럼, 마음 한쪽에 잔광이 오래 남았다. 그날 영화관을 나서며 결심했다. 어머니의 기도와 봉사의 삶을 내가 이어 가겠노라고. 그 순간, 나는 더 이상 과거의 나로 살 수 없었다. 미용실과 사업에만 몰두하던 삶에서 벗어나, 사회를 향한 새로운 사명을 품게 되었다.

다문화 여성 지원 사업, 청소년 돌봄, 취약계층을 위한 정책을 만들고 싶었다. 마리안느와 마가렛의 삶을 통해 어머니의 삶을 다시 해석했고, 나에게 주어진 사명을 새롭게 발견했다. 마리안느와 마가렛처럼 인류애를 실천하기로 굳게 결심했다.

합격할 때까지 도전!

가장 먼저 떠오른 것은 다문화 여성을 돕는 일이었다. 이 결심에는 어머니의 장례식에서 시장님과 나눈 약속도 영향을 미쳤다.

"이제는 원장님께서 어머니의 삶을 이어 지역을 위해 좋은 일을 하셔야지요."

"네. 저는 앞으로 다문화 여성들을 돕고 싶습니다. 시장님께서 많이 도와주세요."

시장님과 이런 대화를 나누기 훨씬 전부터, 다문화 여성들에 관한 관심은 늘 있었다. 기회가 되면 그들을 적극적으로 돕고 싶었다. 동네를 오가며 마주치는 이주 여성들, 미용실을 찾아온 다문화 가정의 엄마들. 한국에서 일하고 싶어도 자격과 언어, 문화의 벽 앞에서 멈춰 서 있는 그들의 모습이 눈에 밟혔다.

그들은 이미 우리 사회의 일원이었지만, 피부색과 언어가 다르다는 이유로 여전히 사각지대에 머물러 있었다. 누군가에게는 작은 일자리일지 몰라도, 그들에게는 가족의 생계를 책임지는 유일한 수단이자 현재를 살아가는 희망이었다. 그러나 언어의 벽 때문에 기술을 배우기도, 좋은 일자리를 얻기도 어려웠다. 단순노동에 오랜 시간을 빼앗기는 바람에 아이들을 제대로 돌보지 못하는 가정도 많았다.

"어떻게든 해 보자. 도울 수 있는 방법을 찾아보자."

오랜 기간 쌓아 왔던 이 마음에 〈마리안느와 마가렛〉 영화가 불을 붙였다. 가장 먼저 찾아간 곳은 다문화 센터였다. 청소년들에게 미용 기술을 가르쳐 자립을 도왔던 경험을 바탕으로, 다문화 여성들에게도 기회를 줄 수 있다고 생각했다. 그러나 센터장님과 직원들은 입장이 사뭇 달랐다.

"미용 기술 자격증 취득을 위해 저희도 노력을 많이 했어요. 기술을 익히고 자격증을 따면 지역에서 자리 잡기도 쉽고, 혹시 본국에 돌아가게 되더라도 기술이 있으니 자립하는 데 든든할 거라고요. 그런데 자격증 공부를 하려고 해도 언어의 벽이 너무 높아요. 용어도 어렵고요."

결국 포기하라는 말이었다. 설득을 거듭했지만 돌아오는 건

"안 된다"는 말뿐이었다. 기세 좋게 다문화 센터를 찾아갔던 나는 풀이 죽어 나올 수밖에 없었다. 센터 문을 나서자마자 길바닥에 털썩 주저앉아 펑펑 울었다. 너무 속상하고 답답했다. 아무것도 아닌 나도 뭐라도 돕고 싶어 이리 애를 쓰는데, 현실의 벽이 이렇게 높을 줄은 몰랐다.

다른 기관을 찾아가도 상황은 비슷했다. 예산이 부족하고 다른 지원에 비해 효율이 낮다는 이유였다. 한정된 예산으로 높은 성과를 내는 사업을 먼저 지원할 수밖에 없는 사정을 나 또한 모르는 바는 아니었다. 현실을 모른 채 마음만 앞섰던 것인지도 모른다. 그래도 어떻게든 방법을 찾아보자고 결심했다. 결과적으로 이런 상황이 내게는 오히려 도움이 되었다. 다문화 여성들을 돕고 싶다는 마음이 현실에 압도당하기 전에 방법을 찾았기 때문이다.

그 무렵, 청년 일자리 관련 신규 사업 공모 소식이 들려왔다. 다문화 여성들을 돕는 일을 꼭 해 보고 싶었던 나는 이 기회를 놓치고 싶지 않았다. 그런데 막상 공고가 났음에도 불구하고 시청 내부 분위기는 예상과 달랐다. 처음 시행되는 사업이라 담당 부서가 정해지지 않았고, 어떤 팀도 나서려 하지 않았다. "신규 사업은 위험 부담이 크다"는 이유였다. 그래도 물러서지 않았다. 여러 부서를 찾아다니며 팀장들을 만나 설득했다. 하지만 돌아오는 대답은 대

부분 비슷했다. "우리 팀 소관이 아니다", "신규 사업은 어렵다"라는 말뿐이었다. 그렇게 시간이 흘러 서류 마감일이 다가오자, 조바심이 났다. 그래도 끝까지 붙잡았다. 주말에도 시간을 내어 도와주는 공무원과 함께 서류를 고치고 또 고치며 밤늦게까지 준비했다. 내가 직접 쓸 수 없는 행정 서류는 그분이 대신 정리했고, 나는 옆에서 사업의 취지와 내용을 조목조목 설명하며 함께 완성했다.

문제는 여전히 '담당 팀이 없다'는 것이었다. 서류를 제출하더라도 이를 실제로 추진할 부서가 없으면 사업은 시작조차 할 수 없었다. 여러 번의 설득이 무산되어 체념하려던 순간, 한 부서에서 손을 내밀었다. 총무과였다. "아무도 맡지 않는다면 우리가 책임지고 해 보겠다"라는 말에 눈물이 날 만큼 고마웠다.

총무과가 이 사업을 총괄하기로 하면서 상황은 반전되었다. 총무과의 도움으로 서류를 제출할 수 있었고, 결과는 '합격'이었다. 아무도 하려 하지 않던 첫 사업이 그렇게 문을 열었다. 그토록 간절히 바랐던 다문화 여성을 대상으로 한 '미용 기술 자격증 취득 과정 아카데미'를 시작했다. 다문화 여성들만 대상으로 한 아카데미는 아니었으며, 우리나라 청년들과 다문화 여성들이 함께하는 방식이었다. 연령대도, 성장 환경도 달랐기에 다양한 시각을 함께 배우며 서로의 문화를 이해하고 친화력도 높일 수 있었다.

다문화 여성들에게 가장 먼저 가르친 것은 인사말이었다. 미용은 서비스업이다. 기술도 정확하게 익혀야 하지만, 손님을 응대하는 일도 중요하다. 전화를 받을 때, 손님이 방문했을 때, 대기해야 하는 상황이 생겼을 때 등 다양한 상황에서 적절한 말로 응대하면 자신감도 높아진다.

"반갑습니다. 미용실입니다."

"어서 오세요. 이쪽으로 오세요."

"먼저 온 손님이 계셔요. 5분만 기다려 주세요."

"어떤 차를 준비해 드릴까요?"

"십 분 정도 걸릴 것 같아요."

현장에서 자주 쓰는 말들을 문장으로 써서 한 단어, 한 문장씩 알려 주었다. 기술이야 어떻게든 배울 수 있지만, 자격증을 따더라도 전화를 받거나 인사하는 일조차 하지 못한다면 실제 취업으로 연결되기는 어려울 터였다. 입에 딱 붙어 자연스럽게 나오도록 매일 연습했다.

일단 시작은 했지만, 과정이 쉬울 것이라곤 생각하지 않았다. 내가 만약 다른 나라에서 미용 기술을 배운다면 어땠을까? 일상 대화도 어려운데, 어려운 미용 용어를 이해하고 외우는 일은 얼마나 더 어렵겠는가. 시험에 한 번에 붙지 못해도 조급하게 생각하지 말자고 다짐했다.

다른 지역에서는 60번을 떨어지고도 결국 합격하지 못한 사람이 있다고 했다. 그만큼 어려운 시험이었기에 50퍼센트만 합격해도 성공이라고 생각했는데, 놀라운 일이 벌어졌다. 모든 기수가 100퍼센트 합격한 것이다. 기적과 같은 일이었다. 이런 사례는 전국적으로, 아니 세계적으로도 우리가 유일하다고 했다. 하지 못할 것이라고 모두 말렸을 때도, 성공 사례가 없다며 포기하라고 했을 때도, 첫 시험에서 다문화 여성 전원 낙방이라는 고배를 마셨을 때도 그만두지 않을 수 있었던 이유는 내 능력이 출중해서가 아니다. '우리'가 포기하지 않았기 때문이다. 목표를 분명히 하고 붙을 때까지 도전한 결과였다. 끝까지 포기하지 않았기에 끝내 합격의 기쁨을 맛볼 수 있었다.

장미의 이름으로

다문화 여성 한 명 한 명 모두 기억에 남지만, 그중에서도 잊지 못할 사람이 있다. '이장미'. 이름만큼이나 아름답고 향기로운 여성이었다. 영특하고 손재주가 좋은 데다 성실하고 선한 성품을 갖고 있었다. 하나를 가르치면 두세 개를 터득할 정도로 배움의 속도도 빨랐다. 그럴 수밖에 없는 게 고국인 베트남에서 이미 미용 기술을 배웠었기에 기본기를 갖추고 있었다. 처음부터 배워야 하는 사람들에 비하면 한결 유리한 조건이었다. 그런 좋은 기술을 갖고도 한국에 산다는 이유만으로 쓰지를 못하고 있었으니 너무나 안타까운 일이었다.

한국에서 일하려면 필요한 건 단 하나, 이곳 기준으로 인정받는 자격증이었다. 처음에는 금방 자격증을 딸 거라 믿었는데 과정은 달랐다. 한국 사람에게도 낯설고 생소한 용어가 많은데 외국인인 그녀에게는 더 쉽지 않았을 것이다. 일곱 번째 시험에서 떨어졌을 때, 그녀는 눈물을 뚝뚝 흘리며 말했다.

"원장님, 노력해도 안 되는 것 같아요. 저 포기할래요."

나는 그녀의 손을 꼭 잡았다.

"포기하지 않으면 할 수 있어요. 우리 끝까지 해 봅시다. 내가 옆에서 더 힘껏 도와줄게요."

더 서럽게 우는 그녀를 끌어안았다. 우리는 그렇게 부둥켜안고 한참을 울었다. 그날 이후 그녀는 마음을 다잡고 더 열심히 공부했다. 다음 시험에는 꼭 붙을 거라는 희망을 품고 열정을 불태웠다. 그러나 합격 소식은 쉽사리 오지 않았다.

그리고 마침내 15번째 시험 끝에 합격했다. 우리는 펄쩍펄쩍 뛰며 환호성을 질렀다. 모두가 아낌없는 박수를 보냈다. 그동안 포기하지 않고 쏟았던 노력이 눈부신 보답으로 돌아오는 순간이었다. 너무나 고맙고 대견했다.

"이제 어디에서 일할지 정해야죠."

합격은 끝이 아니라 시작이었다. 당당하게 합격증을 딴 후 장미 씨는 내 미용실의 한 지점에서 일을 시작했다. 앞치마를 매던 아침, 그녀의 말투는 여전히 조심스러웠지만 태도는 안정적이었다. 어느 토요일 오후, 매장에 들른 그녀의 아이가 엄마의 앞치마 끈을 만지작거리며 말했다.

"엄마가 너무 자랑스러워요."

경력을 충분히 쌓은 후 그녀는 자신의 가게를 열었다. 작은 점포였지만 약속 시간과 보정 원칙, 위생과 재고를 꼼꼼히 지키는 습관 덕분에 매출은 꾸준히 올랐다. 운영에 대해 수시로 자문을 구했고, 결정은 늘 준비가 끝난 뒤에야 내렸다. 오래 가려는 사람의 태도였다.

장미 씨 가게는 자연스럽게 사랑방을 닮아 갔다. 베트남어를 쓰는 손님들이 편히 드나들었고, 한국인 손님도 같은 의자에 앉아 같은 시간을 나눴다. 언어가 다를 때는 표정과 손짓으로 대화를 나누었다. 화려한 기술보다 약속을 지키는 태도, 고객 눈높이에 맞춘 응대가 가게의 기준이 되자 재방문은 자연히 늘었다. 화려한 간판보다 중요한 건 가게를 만들어 가는 사람이라는 것을 그녀의 매장이 보여 주었다.

지금도 그녀의 가게 문은 매일 같은 시간에 열린다. 장부 한쪽에는 다음 달 확장 계획이, 다른 한쪽에는 신규 채용 메모가 붙어 있다. '외국인'이라는 단어 하나로 그녀를 설명하던 시절은 멀어졌다. 이제 장미 씨를 설명하는 단어는 '사장', '헤어 디자이너', 그리고 '동네 사랑방의 주인'이다.

아카데미를 운영하면서 배운 게 많다. 제도는 느리게 움직이지만, 현장은 상황에 따라 빠르게 대처해야 한다. 그 차이를 어떻게 이해하고 다가가느냐에 따라 대처 방법도 달라진다. 다문화 여성들과의 만남은 내게 기존의 가치관을 뛰어넘는 새로운 시각을 열어 주었다. 미용 기술이 나라와 나라를 잇는 문화 교류의 중요한 다리가 될 수 있다는 비전이 생긴 것이다. 그리고 이 일은 정치 입문 후 나의 중요한 정책 중 하나가 되었다.

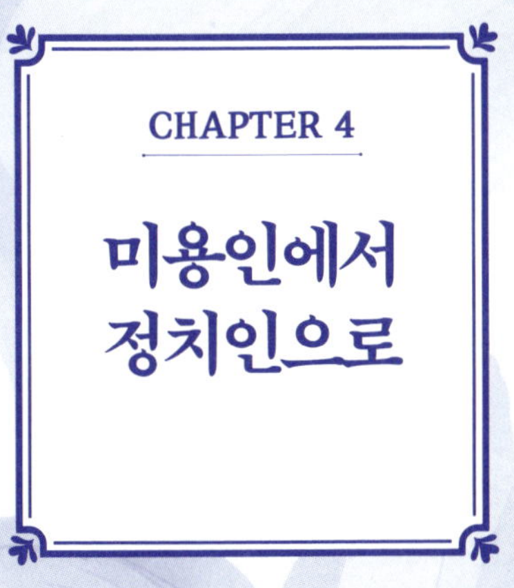

미용인에서 정치인으로

"인생도 마찬가지다. 목표를 세우고, 방향을 정하고,
수많은 변수 속에서도 중심을 잃지 않아야 한다.
오해와 비난 속에서도 결국은 자신이 믿는 길을 끝까지 걸어야 한다.
그 길 끝에서 누가 박수를 쳐 주든 그렇지 않든,
스스로에게 "나는 최선을 다했다"라고 말할 수 있다면,
그 또한 당선이다."

시련과 배움은
같이 온다

하고 싶은 일이 ———
아직 많이 남아 있는데

지점이 늘어나면서 내가 운영하는 미용실은 지역에서 꽤 유명한 곳이 되었다. 지금처럼 예약이 활성화되기 전이라 미용실 안엔 늘 사람들이 붐볐다. 몇 시간씩 기다리는 일도 다반사였다. 손님이 밀려들면 밥은커녕 화장실 갈 시간조차 없었다.

일만 해도 바쁜데 대학원 공부에 논문 쓰고, 새로운 미용 기술 익히고, 본점과 지점 관리하고, 아카데미 운영까지. 게다가 서울을 오가며 대학 강의까지 하려니 하루 24시간이 턱없이 모자랐다.

그렇게 바쁘게 살면 무슨 재미로 사냐는 분들도 있었지만, 육체적으로 힘은 들어도 정말 재미있었다. 재미있는 정도가 아니라 보람 있고 신바람이 났다. 고등학교를 졸업할 무렵 내가 뭘 해서 먹고살 수 있을까를 고민하던 때와 비교하면 하늘과 땅 차이만큼 큰 변화가 생겼다. 그 변화를 내 손으로 일구어 냈다는 자부심이 내 삶을 이끌었다.

그리고 아주 작게라도 지역 발전을 위해 일하고 싶었다. 내가 이룬 성취는 나 혼자 해낸 게 아니었다. 우리 미용실을 믿고 찾아 준 손님들이 아니었다면 무슨 재주로 사업을 해냈겠는가. 서로 도와야 잘 살 수 있다고 믿었고, 내가 가진 것을 조금이라도 나누면 누군가에겐 큰 힘이 될 거라 생각했다.

청년들과 여성들, 기술을 배우고 싶어 찾아온 사람들로 미용실은 늘 북적였다. 이미 아카데미를 운영하고 있었지만, 더 많이 세우고 싶었다. 기술 하나만 제대로 배워도 먹고살 수 있는 길이 열린다는 것을 내가 직접 체험했기에 배움의 중요성을 누구보다 잘 알고 있었다. 어떻게 하면 더 많은 사람들과 함께할 수 있을지 고민하는 시간도 길어졌다.

다리가 퉁퉁 부은 채로 일과를 마치고 나면 피곤하기보다 오히려 두 눈에서 빛이 났다. 할 일도, 하고 싶은 일도 많았다. 앞으로 어떤 힘든 일이 생겨도 다 뚫고 나갈 수 있을 만큼 에너지도 넘쳤다. 더 크게 일하고 더 크게 도움이 되는 사람이 되고 싶었다.

그러나 이런 내 간절한 바람에도 불구하고 내 인생을 송두리째 뒤흔드는 일이 일어났다. 한 번도 겪어 보지 못한 고통이 순식간에 내 삶을 덮쳤다.

법을 배우는 시간

여러 사람이 얽힌 일이라 자세히 말하긴 어렵지만, 결과적으로 그 일은 세상을 보는 내 시선을 완전히 바꾸어 놓았다. 근로기준법이 강화되면서 현실과 법 사이에 맞지 않는 일이 생겼고, 그 틈에서 굉장히 복잡한 일이 벌어졌다.

5년에 걸친 길고 긴 분쟁이 이어졌다. 재판 중에도 일을 멈출 수는 없었다. 밖에서는 분쟁과 서류가 소용돌이쳤지만, 안에서는 손님을 맞이해야 했다. 나는 매일 아침 거울 앞에서 표정을 다잡았다. 내가 겪는 일 때문에 혹시라도 손님에게 불편을 느끼게 하는 일만큼은 절대 하고 싶지 않았다.

너무 힘들어서 포기하고 싶을 때마다 발끝에 힘을 주며 버텼다. 한 번이라도 부정적인 생각에 빠지면 나쁜 생각들이 연이어 솟아났기 때문이다. 그럴 때마다 신체의 감각에 집중했다. 발가락에 힘을 주며 내가 발을 딛고 있음을 느끼고, 가위를 든 손을 빠르게 움직이며 '지금 이곳'에 나를 붙들어 두었다. 몸을 움직이며 현재에 몰입하는 것, 그것은 생각의 소용돌이에서 빠져나와 현재의 시간으로 돌아오는 좋은 방법이자 유일한 방법이었다.

한 번이라도 법적 분쟁을 겪어 본 사람은 그게 얼마나 사람을 소진시키는 일인지 알 것이다. 우편함엔 등기 봉투가 쌓였고, 봉투를 뜯을 때마다 손끝이 떨렸다. '기일통지서', '의견서 제출 촉구', '증거목록 보강' 등 낯선 말들이 일상을 저만치 밀어냈다. 도로교통법 정도밖에 몰랐던 내게 법은 읽기도 어렵고, 읽었다고 해도 이해가 되지 않는 세계였다. 내가 구축하고 있던 일상의 세계가 서서히 무너지기 시작했다.

무엇보다 힘들었던 건 '내가 누구였는지'를 잊어 버릴 만큼 감정이 소모된다는 것이었다. 말수가 줄고, 잠도 제대로 이루지 못했다. 그래도 맨땅에 헤딩하듯, 조금씩 배우며 깨달은 것이 있었다. 법은 담장 같아서 정확한 문으로 들어가면 지켜 주지만, 문을 찾지 못하면 한참을 헤매야 한다는 사실이었다. 현장의 사정이 아무리 절실해도, 법과 연결되지 않으면 소용없었다. 길고 긴 터널 속에 갇힌 듯 어둡고 막막한 시간이었다.

길고 긴 터널 끝에서 ——
만난 빛

나쁜 일은 한꺼번에 온다고 했던가. 어머니가 돌아가시고, 건강은 나빠졌으며, 신경 써야 할 재판이 무더기로 나를 덮쳤다. 그래도 아침이면 어김없이 일터로 향했다. 나를 지켜 준 곳은 여전히 현장이었고, 내 진심을 믿어 주는 사람들도 그곳에 있었다. 꿋꿋하게 버티면서 어떻게든 뚫고 가자고 결심했다.

나는 언제나 스스로에게 떳떳하고 싶었다. 하늘이 나를 지켜보고 있다고 믿었고, 내가 살아온 길을 하늘은 다 알고 있을 거라고 생각했다. 그래서 힘든 순간에도 흔들리지 않고 버틸 수 있었다. 누구에게 보여 주기 위한 삶이 아니라, 하늘 앞에서도 부끄럽지 않은 삶을 살고 싶었다.

시련과 배움은 같이 온다고 했던가. 재판이 이어진 5년의 세월은 고통스러웠지만 동시에 나를 단단하게 키웠다. 내가 얼마나 좁은 세상 안에 갇혀 있었는지를 뼈저리게 깨달았다. 좋은 마음이 언제나 통하는 건 아니었다. '그들을 탓하지 말자, 남 탓을 하지 말자'라고 수없이 다짐했지만, 그래도 억울한 마음은 쉽게 사라지지 않았다. 내가 뭘 그렇게 잘못했나 싶은 마음이 들어서 잠을 이루지 못하고 밤을 지새운 날도 많았다.

그리고 그 끝은 자기 비난으로 이어졌다. '혹시' 남을 도와준다는 명목하에 나도 모르게 자만에 빠져 있던 건 아니었을까? '혹시' 나도 모르게 그들에게 상처를 주는 말과 행동을 했을까? 밑도 끝도 없이 '혹시'라는 의심이 칼날이 되어 나를 후벼 팠다.

남들이 뭐라고 해도 정직하고 성실하게 살아왔다고 나 자신은 믿었다. 그리고 내 인생은 나를 저버리지 않았다. 5년 만에 재판이 끝났다. 사람 때문이 아니라 현장과 맞지 않는 법으로 인해 이렇게까지 고통을 겪어야 했다는 게 허탈했다. 누가 뭐래도 우리가 서로 사랑하고 아끼며 잘되기를 원했던 마음은 진실이었다. 오랜 시간 정을 나눴던 사람들과 원수가 되고 싶지 않았다.

내가 원하던 판결문을 받아 읽던 날, 이 글을 받기까지 5년간의 일들이 떠오르며 허탈감과 여러 감정으로 머리는 복잡했지만, 마음은 이상하리만치 홀가분했다. 툭툭 털고 다시 시작하고 싶었다. 끝이 보이지 않던 길고 긴 터널 끝에서 드디어 빛을 만난 순간이었다.

사랑하는 내 고향
순천에서 뜻을 펼치다

순천의 자연에서 ——
위로를 받다

한때는 미용계의 '최고'가 되는 게 인생의 전부였다. 미용인으로서 한 획을 긋고 싶었다. 그러나 분쟁에 휘말려 법을 공부하며 잠시 멈춰 서 보니, 앞으로의 시간을 어디에 쓸지 다시 생각하게 되었다.

기술은 여전히 내 몸에 남아 있었다. 어디서든 가위를 쥐면 금세 리듬을 되찾을 자신도 있었다. 그런데 이상하게도, 미용에 대한 열정이 더 이상 타오르지 않았다. 재판 중에는 힘들어도 기운을 낼 수 있었는데 정작 모든 일을 끝내고 나니 바람 빠진 풍선처럼 삶의 의욕이 사라졌다. 그만큼 나는 지쳐 있었다. 아무것도 의미 있게 느껴지지 않았다.

무력하고 우울한 시간이 찾아왔다. 늘 사람들 속에 둘러싸여 있던 내가 사람을 만나기 싫었다. 누군가를 만나서 대화를 나눠야 한다는 일 자체가 고역이었다. 하루 종일 집 안에 혼자 있었다.

'무엇을 위해 그토록 열심히 살아 왔을까?'

이런 생각이 아무 소용 없다는 걸 알면서도 멈출 수 없었다. 분명 어두운 터널을 빠져나왔는데, 가끔 그 안에 멈춰 있는 듯했다. 사람이 절망에 빠져 있을 때만 눈빛을 잃어 버리는 게 아니라는 것을 이때 처음 알았다. 삶의 의미를 찾지 못한 사람의 눈에서도 빛은 사라진다.

그래도 내 안에는 삶의 의지가 강하게 남아 있었다. 다시 시작해 보자는 마음이 들었다. 그간 일구었던 것들을 훌훌 털어 버리고 고향인 순천으로 향했다. 자주 동천을 따라 걸었다. 부드럽게 흐르는 강물이 내 마음을 어루만져 주었다. 물소리는 마치 내 이야기를 들어주듯 잔잔히 흘렀다. 눈물도 고통도 그 물결에 실어 흘려보냈다.

순천만 국가정원에도 자주 갔다. 산책로를 걸을 때마다, 발바닥 아래로 흙의 보드라운 기운이 느껴졌다. 꽃이 진 자리에 새순이 올라오고 있었다. 연못에 비친 구름이 천천히 흐르고 있었다. 볕이

유난히 따뜻했다.

해가 기울 무렵엔 와온해변으로 향했다. 순천만의 갯벌이 붉게 숨 쉬는 시간, 바다는 밀물과 썰물의 호흡으로 하루를 접었다 폈다. 물길이 빠져나간 자리에는 게의 작은 발자국과 바람의 결이 남았다. 하늘과 갯벌이 서로의 색을 조금씩 나눠 갖는 동안, 나는 가만히 서서 마음의 소음을 매만졌다.

수평선은 놀라울 만큼 선명했다. 그 선명함이 내 생각의 가장자리를 반듯하게 정리해 주었다. 떠나보낼 건 떠나보내고, 남길 건 남기는 법을 바다가 먼저 보여 주었다.

조계산으로 오르는 길에선 어머니의 정갈한 기도가 생각났다. 전나무 향이 짙게 풍기는 송광사 숲길에서 들려오는 종소리가 마음을 울렸다. 돌계단이 가파른 구간에선 잠시 숨을 고르고, 손바닥으로 축축한 이끼를 쓸었다. 내 몸의 박자와 산의 호흡이 맞아 갈수록, 가슴을 죄던 매듭이 하나씩 느슨해졌다.

어느 날은 동천, 어느 날은 정원, 또 다른 날은 갯벌과 산. 순천의 자연은 서로 다른 말투로 같은 이야기를 건넸다.

"가끔은 쉬었다 가도 괜찮아."

이른 봄기운이 감돌던 어느 날, 희끗희끗 날리는 춘설 사이로 매화가 꽃망울을 터뜨렸다. 차가운 겨울을 견디고 기어이 꽃을 피운 매화를 보며 나는 조용히 눈물을 흘렸다. 그 눈물은 슬픔이 아니라, 끝까지 버텨 낸 존재만이 탄생시킬 수 있는, 어떤 지극함에 대한 감동이었다.

세상의 모진 바람에 상처 입고, 혹독한 추위에 얼어붙었던 마음 한가운데에서도 나는 나의 향기를 잃지 않으려 애써 왔다. 눈 속에서 피어난 매화처럼, 쓰러지지 않고 제때 꽃을 피워 내기 위해 버텨 온 나 자신을 그날 처음으로 따뜻하게 안아 주었다.

서두르면 무너지고, 멈추면 비로소 보이는 것들이 있다. 고통스러웠던 과거는 여전히 내 삶의 뒤편 어딘가에 있었지만, 내 고향 순천은 그렇게, 내게 삶의 속도를 되돌려 주었다.

떠나고 난 후에도 남는 것

어머니를 떠나보내기 전에는 '어머니 없이 나는 살 수 없다'고 생각했다. 미용 일을 놓기 전에는 '미용 없이 나는 살 수 없다'고 여겼다. 온 마음을 다해 사랑했기에 그것만이 내 전부라고 믿었다. 대상이 사라지자, 무엇을 위해 살아야 할지 이유를 찾기 힘들었다.

그러나 사라졌다고 사랑이 함께 사라지는 것은 아니었다. 어머니가 떠난 뒤에도 어머니는 내 안에 여전히 살아 움직였다. 손끝으로 누군가의 등을 쓰다듬을 때, 부드러운 온도의 말을 찾을 때, 그것은 내가 아니라 어머니가 내 안에서 말하는 순간이었다. 미용도 그랬다. 현장을 떠났다고 해서 손의 기억이 지워진 건 아니었다. 나는 여전히 '일을 아는 사람'이었다.

사라진 것은 '형태'였고, 남은 것은 '방향'이었다. 삶의 가치로 여겼던 봉사와 나눔은 재판을 거치면서 정책이란 무엇인지, 약자를 위한 사회적 연결망은 어떻게 작동해야 하는지, 누군가를 돕는다는 약속과 책임은 어떤 방향으로 확장되어야 하는지를 고민하게 되었다.

형태는 바뀌어도 본질은 이어진다. 나는 손에서 가위를 놓았지만, 그것은 버림이 아니라 '다른 것을 잡기 위한 놓음'이었다. 어떤 것을 놓았을 때 비로소 보이는 것이 있다. 손에 꽉 쥐고 있을 때는 내 숨소리밖에 들리지 않지만, 손을 펴면 다른 사람의 박자가 들리는 법이다. 일을 그만둔 후에야 현장의 고충이 보였고, 업을 떠나온 후에야 제도의 빈틈이 눈에 띄었다.

그리고 그제야 알았다. 내가 진정으로 아끼고 사랑했던 것은 '미용'만이 아니었다는 것을. 내가 정말 중요하게 여기는 것은 사람의 '안녕'과 '회복'이었다. 흐트러진 마음을 단정하게 다듬고,

주저앉을 것 같은 마음을 다시 서게 만드는 그 과정 자체를 사랑했다.

사라진 뒤에 남은 것들이 나를 더 단단하게 만들었다. 거울 앞에서 배운 집중, 기다림을 견디며 익힌 인내, "다시 해 보자"로 마무리하던 태도. 그 모든 것은 직함과 장소, 도구를 바꿔도 사라지지 않았다.

우리는 언젠가 중요한 것을 놓을 수밖에 없지만, 그때 남는 것은 손에 쥔 물건이 아니라 마음에 새긴 삶의 가치다. 대상이 떠나도 사랑은 남고, 현장을 떠나도 실력은 남는다. 어디에서 어떤 일을 하든 나는 내 삶의 리듬을 갖고 있는 사람이다. 내일 어떤 이름을 달고 서 있든, 나만의 리듬을 따라서 다시 시작할 수 있다는 확신이 생겼다.

아무도 하지 않는다면 ——— 내가 해 보자

고통스러운 기억에서 조금 벗어나자 비로소 내가 겪은 일을 차분히 돌아볼 수 있었다. 법에 대해서도 깊이 생각하게 되었다. 재판 중에도 실정법과 현실에서 부딪치는 문제를 해결하는 데 차이가 커서 난감했던 적이 많았다.

"이런 일을 나만 겪은 게 아니겠구나."

그제야 이런 자각이 생겼다. 자신의 억울함을 제대로 호소하지도 못한 채 결과에 순응할 수밖에 없는 사람들이 많았을 것이다. 설령 항변했다 한들 "법이 그렇다"라는 말 앞에서 돌아서야 했을 터였다. 그 막막함과 억울함을 삼키지 못해 자신의 인생을 망가뜨린 사람도 있었을 것이다.

긴 분쟁과 재판을 거치며, 법을 처음으로 '내 일'처럼 생각하게 되었다. 서류 한 장, 문장 한 줄이 한 사람의 일상을 순식간에 뒤흔들 수도 있다. 법은 민생을 지키는 든든한 울타리이기도 하지만, 현장의 결을 다 담아내지 못할 때도 많았다.

그렇기에 법은 멀리 있는 거대한 탑이 아니라, 내 일상을 지켜주는 도구여야 한다고 생각했다. 현장에서 쓰는 약속과 원칙이 법의 문장으로 번역될 때, 사람은 덜 다친다. 중요한 건 승패가 아니라 기준이며, 그 기준을 세우는 일이 앞으로 내가 해야 할 일이라고 생각했다.

5년의 시간을 되돌아보며 처음으로 법의 출발점과 종착점을 구체적인 얼굴로 떠올렸다. 내 삶과 아이들, 동료들의 삶을 덮치는 문제를 바꾸려면 '현장'의 언어가 '법'의 문장으로 번역되어야 한

다는 자각이었다. 법의 언어와 현장의 사정을 이어주는 다리가 필
요했다.

현실과 규정의 간격은 현장에서 더 크게 보였다. 미용업은 숙
련도, 역할, 매출 구조가 뚜렷한데, 동일한 잣대로 현장을 재단하
면 오히려 '1인 숍'만 남는 구조가 된다. 이제 막 기술을 배우기 시
작한 초보자와 숙련 디자이너가 같은 임금을 받는다면, 업계 전체
의 지속가능성이 흔들릴 것이다.

이제 생각의 방향이 바뀌었다. "누가 법을 제대로 만들어 주었
으면" 하는 막연한 바람에서 멈추지 않고, 내가 할 수 있는 공부와
역할을 찾기 시작했다.

"아무도 하지 않는다면 내가 해 보자."

가위가 손에 맞아야 좋은 커트가 나오듯, 법도 현장에 맞아야
선의가 지속된다. 때로는 누가 옳고 그르냐를 가르는 칼이 되기도
하겠지만, 분쟁이 생겼을 때 현장을 반영하는 자rule가 되는 법, 서
로 다른 속도를 조율해 모두가 넘어지지 않게 받쳐 주는 장치로서
의 법이 있다면 얼마나 좋을까.

어디에서부터 시작해야 할지, 누구를 만나야 할지 아는 게 아
무것도 없었지만, 처음 미용을 시작하던 마음으로 돌아가기로 했
다. 누군가는 반드시 해야 하는 일을 내가 해 보겠다고 마음먹었

다. 제대로 된 법, 현장에서 일하는 사람을 지키는 법, 배움이 짧은 사람도 쉽게 알 수 있고 도움받을 수 있는 법을 만드는 일이었다.

북해 바다를 주름잡던 용맹한 바이킹을 만든 건 사나운 북풍이었다고 한다. 어쩌면 그 사건은 내게 거칠고 차가운 북해의 바람 같은 일이었을지도 모른다. 바이킹이 북풍을 피할 수 없었던 것처럼, 나 또한 내 인생에서 피할 수 없는 일이었는지 모른다. 이미 일어난 일을 후회한들 달라질 것은 없었다. 그러나 그 일을 디딤돌 삼아 한 걸음 나아가는 것, 그것만은 내가 선택할 수 있는 길이었다.

선거 출마,
내 인생의 가장 큰 도전

미용의 세계에서 ———
정치의 세계로

내 인생에 '법'이 들어올 줄은 몰랐다. 평생 법과 무관하게 살아왔고, 법에 얽힐 일도 없다고 생각했다. 무법자나 범법자는 영화 속에서나 등장하는 이야기일 뿐, 내 일상에서 법을 어길 일은 없었다.

그러나 현실은 달랐다. 법을 알아야 했다. 법원을 오가며 변호사에게 자문을 구하고, 판결문을 읽으며 해석하고, 절차를 하나씩 배워 나가다 보니 문득 궁금해졌다. 법은 누가 만들고, 잘못되었을 경우 누가 고치는 걸까.

평소 조언을 구하던 지역의 어른께 물어보았다.

"법은 누가 만드는 건가요?"

"국회의원이지요."

"그럼 국회의원이 되려면 어떻게 해야 하나요?"

"우선 당원으로 활동하고, 시의원이나 도의원이 되어 경험과 역량을 쌓아야지요. 정치를 잘하려면 시장이 되서 행정 능력도 쌓고… 길은 여러 가지입니다."

기왕 할 거면 도의원에 도전하고 싶었다. 도의원이 정책을 만드는 범위가 더 넓을 것 같아서였다. 학교 밖 청소년의 일과 학습 문제, 다문화 여성의 자립, 기술과 복지를 연결하는 일 등 내가 해결하고 싶은 문제들은 교육, 복지, 산업까지 복잡하게 엮여 있는 것으로, 광역 단위의 예산과 제도가 움직여야 해결할 수 있는 과제들이었다.

"현장에서 막힌 걸 제도에서 풀겠다."

방향은 분명했지만 생전 처음 해 보는 도전이라 두려움도 컸다. 기초의원과 광역의원의 차이도 모를 만큼 정치의 '정' 자도 모르는 내가 이 세계에 뛰어들 수 있을까. 하고 싶다고 누구나 할 수 있는 일도 아니었기에 두려움도 생겼다. 그러나 이 일은 내가 꼭 해야겠다는 확신이 들었다.

민주당에 입당했다. 회의와 교육은 물론 대내외 활동에도 빠지지 않았다. 모르는 것은 이해가 될 때까지 몇 번씩 정책 자료를 되풀이해서 읽고, 참고가 될 사례를 찾아 분석하며, 현실에 어떻게 적용할 수 있을지 고민했다. 알면 알수록 의외로 흥미로운 부분이 많았다. 미용만이 세상의 전부인 줄 알았는데, 정치는 완전히 새로운 세상이었다.

'내가 잘할 수 있을까?'

이런 생각이 아예 없었다면 거짓말이다. 불안과 두려움은 그림자처럼 늘 따라다녔다. 그럼에도 내가 정치를 포기하지 않았던 이유는 '이것은 내가 할 일'이라는 결의를 다졌기 때문이다.

나는 열정을 쏟을 수 있는 일을 하며 살고 싶었고, 동시에 힘든 사람들을 도우며 살고 싶었다. 그러기 위해 내가 가진 모든 끈기와 성실함을 다 바칠 준비가 되어 있었다.

전라남도 신대지구에서 출마를 결심했다.

절벽에서 뛰어내려야 날개가 펴진다

전라남도 도의원 출마는 무모한 도전이었다. 이런 일은 사람의 힘으로 되는 것이 아니라 하늘이 도와야 된다고 생각했다. 그러나 내 삶의 중요한 일들은 언제나 '계산된 안전'이 아닌 '절벽에서의 도약'으로 시작되었다. 날개가 자라날 때까지 기다리다가는, 바람조차 내 편이 되기 전에 해가 질 수도 있었다. 그래서 늘 일단 뛰어내리고, 떨어지는 동안 날개를 만드는 방법을 선택했다.

출마 선언 당일, 지난 몇 해의 장면이 한꺼번에 스쳤다. 어머니의 임종, 미용실 셔터의 금속 소리, 아이들의 눈빛, 동천 다리의 물비늘, 나와의 약속. 출사표를 던지는 내 목소리는 생각보다 안정적이었다. 이날 이후 전화가 쏟아졌다. "진짜 하는 거냐"는 질문부터 "무엇을 도와줄까"라는 제안까지 수많은 연락이 이어졌다.

본격적인 선거 운동을 앞두고 아침 시장, 통학로, 출퇴근길, 주말 장터 등 표적 지역을 돌며 언제, 어디서, 누구를 만나는 게 효과적인지 동선을 짰다. 선거는 결국 꾸준함의 싸움이라는 말을 몸으로 익혔다. 사람을 모으는 일은 숫자보다 마음의 일이라는 것도 알게 되었다. 당연히 혼자 하는 일이 아니었다. 당원들과 함께 팀의 뼈대를 세웠다. 한 번에 다 고치겠다는 약속은 하지 않았다. 대신 한 번 한 약속은 반드시 지키겠다고 다짐했다.

큰 결심을 하고 뛰어든 판이었지만 선거 운동은 하나부터 열까지 모르는 일투성이었다. 무엇이 가장 힘들었는지 말해 보라면 딱 하나가 떠오르지 않을 정도로 모든 게 힘들었다. 생전 안 하던 일을 하려니 당연하다는 생각도 들었지만, 직업이나 이직을 바꾸는 수준이 아니라 바다에서 살던 고래가 산에 사는 호랑이가 된 것만큼 생경했다.

게다가 정치는 여전히 보수적이고 남성 중심적인 영역이었다. 누가 정해 놓은 건 아니겠지만 여성 정치인은 숫자도 적고 활동 영역도 좁았다. 선배 여성 정치인들이 계셨지만 가깝게 의견을 들을 수 있는 상황은 아니었다.

모르면 물어보고 서툴면 익숙해질 때까지 반복하면 된다고 믿어 왔는데, 정치는 작동하는 룰 자체가 달랐다. 그만큼 모르는 부분이 많았다. 그때마다 내가 왜 정치를 하려고 하는지 초심으로 돌아갔다. 도움이 필요한 수많은 사람들이 있었다. 한 명을 돕는 건 쉽지만 백 명, 천 명을 위해서는 정치를 해야 했다.

소상공인, 다문화 여성, 길 위의 청소년을 위한 정책을 만들고 싶었다. 미용이 벽돌을 하나하나 굽는 일이라면, 정치는 집을 짓는 일이었다. 법의 울타리 안에서 더 많은 사람이 보호받을 수 있다는 생각에 힘을 냈다.

그러나 현실의 벽은 높았다. 유세 첫날부터 정치의 쓴맛을 단단히 보았다.

"과연 이게 될까?"

명함을 건네도, 고개 한번 끄덕이지 않고 지나가는 사람들이 부지기수였다. 집으로 돌아가는 길엔 신호등의 빨간 불마저 유난히 길게 느껴졌다. 그럴 때마다 마음을 다잡았다. 상대가 열 사람을 만난다면 나는 백 사람을 만나고, 상대가 만 걸음을 걷는다면 나는 십만 걸음을 걷자고 생각했다. 오늘보다 내일 더 열심히 뛰는 것만이 내가 할 수 있는 일이었다.

집에 돌아와 신발을 벗는데, 퉁퉁 부은 발이 신발에서 빠지지 않았다. 다리를 주무르며 스스로를 다독였다.

"숙경아, 우선 너부터 널 믿어야 해. 널 믿어 주는 사람도 많잖아. 그리고 하늘에서 지켜보고 계신 어머니를 생각해."

그리고 문득 이런 생각이 떠올랐다. "하늘은 스스로 돕는 자를 돕는다." 그래, 그동안 나는 누가 시켜서가 아니라 나 스스로 많은 이들을 도왔으니 하늘이 도와주실 거라는 확신이 생겼다.

동트기 직전이 가장 어둡다

내일 선거를 걱정하지 말고 오늘 유세에 집중하기로 했다. 그 날도 아침 일찍 유세를 나갔다. 바람이 세게 부는 날이었다. 새벽부터 움직였던 데다 피로가 누적되었는지 명함이 자꾸 손에서 미끄러졌다. 어렵게 명함을 건넨 후 온 길을 되짚어 가다가 걸음을 멈췄다. 불과 일 분 전에 건넸던 명함이 흙바닥에 아무렇게나 떨어져 있었다.

눈물이 터질 듯했지만 꾹 참고 무릎을 굽혀 명함을 한 장 한 장 주웠다. 그 순간, 시험에 떨어져서 울던 아이들과 다문화 여성들의 얼굴이 떠올랐다.

"한두 번 떨어지는 건 당연한 거야. 너무 속상해하지 않아도 돼. 중요한 건 다시 도전하는 거야."

당시 그들에게 했던 말이 부메랑처럼 나에게 돌아왔다. 그들을 위로했던 내가 정작 포기한다면 얼마나 부끄러운 일인가. 그때부터 두 다리에 힘을 주었다. 예전에는 내가 했으니, 그들도 할 수 있다고 믿었다. 이제는 이렇게 생각했다. 그들이 해냈으니 나도 할 수 있다고. 내가 할 수 있는 최선을 다하자고.

이제 막 정치에 입문한 초보로서 속상한 일이 생기는 건 당연했다. 누가 알아주지도 않는 무명의 후보, 그들이 나에게 관심이 없는 것도 당연했다. 그렇다면 내가 더 열심히, 더 성실하게 내 뜻을 전하는 수밖에 없었다.

하교 시간, 학교 앞에 서 있으면 아이들이 나를 힐끗 보고 지나갔다. 엄마 손을 잡은 한 아이가 멈춰 서서 물었다.

"이모는 뭐 해요?"

"너희를 위해 중요한 일을 하려고 해."

"그게 뭐예요?"

"학교 끝나고 안전하게 집에 가는 길을 만드는 일이야."

아이가 고개를 끄덕였다. 그 작은 끄덕임이 또 하루를 버티게 했다.

비가 쏟아지던 어느 날 오후, 아파트 정문에서 우산을 들고 피켓을 든 채 한 시간 가까이 서 있었다. 피로 때문에 어깨가 구부러졌다. 한 어르신이 가까이 다가와 내 어깨를 툭 쳤다.

"고생 많네. 말이 짧고 똑 부러져서 좋더라고."

그 한마디가 다시 몸을 세우게 했다. 화려한 구호보다 매일 같은 시간, 같은 자리에 서 있는 성실함을 누군가는 알아준다는 믿음이 생겼다. 더 이상 두렵지 않았다. 유세하러 나갈 때마다 운동화 끈을 꽉 조이며 다짐했다.

"오늘도 되게 하자. 부끄럽지 않게 최선을 다하자."

해는 언제나 누군가의 의심을 지나, 누군가의 끄덕임을 지나, 같은 자리의 꾸준함을 지나 떠오른다. 동트기 직전이 가장 어두운 법이지만, 그 어둠은 나를 멈추게 하지 못했다. 오히려 더 단단하게 만들었다. 그게 내가 믿는 선거였고, 내가 택한 삶의 방식이었다.

화려한 메시지보다 묵묵히 자리를 ——— 지키는 모습으로

선거는 체력전이었기에 틈틈이 스트레칭을 하고 수분을 보충했다. 매일 같은 시간, 같은 자리를 지키는 원칙을 꾸준히 지켰다. 선거 운동을 하며 배운 건 화려한 말이나 추상적인 정치 구호가 아니었다. 사람을 존중하고 더 나은 삶의 방식을 진심으로 모색하는 태도였다. 내 주장을 앞세우기보다 사람들의 고충을 더 많이 들었다. 당장 해결할 수 있으면 바로 움직였고, 시간이 필요하면 잊지 않도록 메모했다. 유세에는 늘 변수가 생기기 마련이다. 가짜 뉴스가 떠돌거나 선거 운동 중 언성이 높아진 날도 있었다. 그럼에도 나는 늘 경청할 준비가 되어 있었다. 내 주장을 막무가내로 내세우기 위해 정치인이 되겠다고 결심한 게 아니기 때문이다. 지지자를 늘리는 일만큼, 비방하거나 악의적으로 공격하지 않는 일 또한 중요하다고 믿었다.

내가 전하고 싶은 이야기를 직접 손편지로 쓰고 그것을 사진으로 찍어 지역구 주민들에게 문자로 보냈다. 진심이 통했는지 응원의 답장을 많이 보내 주셨다. 그 어떤 산삼이나 보약보다 기운 나는 말들이었다. 힘든 순간마다 다시 읽으며 마음을 다잡았다. 그리고 정성을 담아 90° 허리를 숙여 한결같이 인사를 드렸다.

전라남도
도의원에 당선되다

전라남도 최초 청년 여성 ——— 도의원이 되다

2022년 6월 1일. 선거일 아침, 일찍 잠에서 깼다. 동쪽 하늘이 푸르게 밝아 오고 있었다. 차 한 잔을 마시며 깊게 숨을 내쉬었다. 이른 아침 선거장으로 가서 투표를 마쳤다. 삼삼오오 가족이나 친구들과 함께 온 사람들도 있었고, 혼자 조용히 와서 투표하고 가는 사람들도 있었다. 내가 할 수 있는 일은 모두 했다. 어떤 결과가 나오든 수용할 준비가 되어 있었다.

개표는 순천 팔마체육관에서 이루어졌다. 개표를 시작하기 전부터 체육관은 선거 열기로 뜨거웠다. 속속들이 투표함이 도착하고 드디어 집계가 시작되었다.

“우리가 앞서고 있어요.”

“아! 두 표 차이로…!”

“와, 다시 앞서기 시작했어요.”

한 치 앞을 알 수 없었다. 숫자 하나에 환호성과 탄식이 엇갈렸다. 후보 중 그 누구도 안심할 수 없을 만큼 박빙의 승부였다. 그들도 한 표 한 표에 피가 말랐을 것이다.

한 표 차이로 엎치락뒤치락하던 구간을 지나고 나니, 어느 순간 승기가 뚜렷하게 보이기 시작했다. 팀원들의 눈빛이 빛나더니 얼굴에 기대감이 커지기 시작했다.

드디어 모든 집계가 끝났다. 당선자로 내 이름이 호명되는 순간 커다란 환호성이 터졌다. 선거 기간 내내 내 옆을 지켜 주던 사람들이 한꺼번에 나를 껴안았다. 누군가는 울었고, 누군가는 웃었고, 누군가는 펄쩍펄쩍 뛰었다. 나도 모르게 눈물이 터졌다. 어깨와 등을 몇 번이고 두드리는 손길이 느껴졌다. 누가 먼저랄 것도 없이 모든 사람이 내 이름을 한목소리로 외쳤다. 전라남도 12대 도의원이자 최초 청년 여성 당선자가 되는 순간이었다.

“수고하셨습니다!”

“고맙습니다.”

뜨거운 열기가 온몸을 감쌌다.

'엄마, 엄마 딸이 드디어 해냈어요.'

어머니가 조용히 미소 짓는 듯했다. 늦은 밤까지 축하가 이어졌다. 당선의 기쁨은 컸지만, 더 크게 다가온 건 책임감이었다. 깊게 숨을 내쉬고, 다시 들이마셨다. 오늘의 환호는 지나가고, 내일의 일상이 시작될 것이다. 이제 진짜 시작이었다.

선거가 내게 가르쳐 준 것들

선거는 인생의 축소판과 같았다. 처음 치른 선거였지만, 나는 그 안에서 삶의 본질 같은 것들을 배웠다. 결국 인생도 선거처럼 매일 누군가의 마음 앞에서 진심을 증명하는 과정이다. 삶은 언제나 선택의 연속이고, 우리는 매 순간 누군가의 신뢰를 얻기 위해, 또 자신의 믿음을 지키기 위해 싸우며 살아간다. 누군가는 나를 믿어 주고, 누군가는 끝내 등을 돌린다. 하지만 중요한 건 승패나 결과가 아니라, 그 과정에서 '내가 어떤 사람이 되어 가는가'이다.

도의원 선거에서 나는 세 가지 단단한 지혜를 얻었다.

첫 번째는 진심은 결국 통한다는 점이다. 선거 운동 기간, 수없이 많은 사람을 만났다. 시장 골목에서, 버스 정류장에서, 좁은 골목의 구멍가게 앞에서 나는 늘 같은 인사를 건넸다.

"안녕하세요. 오늘도 좋은 하루 되세요."

어떤 이는 미소로 답해 주었고, 어떤 이는 고개조차 들지 않았다. 하지만 나는 포기하지 않았다. 매일 같은 시간에 같은 길을 걷고, 같은 마음으로 인사를 건넸다. 그 단순한 반복이 어느 순간 사람들의 마음을 열었다고 생각한다.

"오늘은 안 피곤하세요?"

어느 날, 늘 무표정하던 한 상인이 먼저 말을 건넸다. 그 짧은 말이 내게는 세상의 모든 응원을 합친 것보다 더 값졌다. 그때 알았다. 진심은 빠르게 전해지지 않지만, 한 번 닿으면 오래 남는다는 것을. 정치는 결국 사람의 마음을 얻는 일이다. 그리고 그 마음은 말이나 약속으로 얻는 것이 아니라 행동으로, 일상으로, 그리고 꾸준한 진심으로 얻어진다.

삶도 마찬가지다. 사람들은 내가 어떤 말을 하는지보다, 어떤 마음으로 살아가는지를 본다. 선거의 결과보다 더 큰 보상은 내 진심이 사람들의 마음에 닿는 순간이었다. 나는 그때부터 '결국 진심은 통한다'라는 믿음을 인생의 중심에 두었다.

두 번째는 지는 법을 알아야 이긴다는 것이다. 선거는 이기는 사람보다 버티는 사람이 끝까지 남는 싸움이다. 처음 출마를 결심했을 때, 나는 열정만 있으면 세상이 바뀔 거라고 믿었다. 그러나 현실은 그렇게 단순하지 않았다. 누군가는 내 나이를 문제 삼았고, 누군가는 내 이력을 문제 삼았다. 심지어 "여자가 정치를 해 봤자 뭘 알겠냐"라고 말하는 사람도 있었다.

때로는 냉소가, 때로는 무관심이 가장 큰 벽이 되었다. 처음엔 억울했고, 상처도 컸다. 하지만 시간이 지나면서 조금씩 마음이 달라졌다.

'이 길은 결과로만 평가받는 길이 아니구나. 버티고, 다시 일어나고, 그럼에도 계속 나아가는 법을 배우는 길이구나.'

패배는 부끄러운 일이 아니었다. 넘어졌다고 실패한 것이 아니라, 다시 일어나지 않으면 그때 비로소 실패였다. 한 번의 이김보다 수십 번의 좌절 속에서도 꺾이지 않는 마음이 더 큰 힘이 되었다. 그런 마음으로 다시 사람들 앞에 설 수 있었다.

인생에서도 마찬가지다. 모든 일이 뜻대로 되지 않지만 실패를 두려워하지 않고, 과정에서 배움을 찾는 사람이 결국 성장한다. 인생에서의 승리는 남을 이기는 데 있지 않고, 어제의 나보다 단단해지는 데 있는 것이다.

세 번째는 혼자서는 절대 이길 수 없다는 점이다. 당선이 확정되던 그 밤, 체육관 안은 함성으로 가득했다. 사람들이 크게 외치던 내 이름이 내 것 같지 않았다. 그 안에는 수많은 손길과 얼굴이 겹쳐 있었다. 새벽부터 함께 거리로 나와 인사했던 동료들, 비 오는 날 우비를 입고 함께 유세했던 청년들, "힘내세요" 한마디 건네던 주민들. 그들의 마음이 모여 만들어 낸 결과였다. 내가 첫 선거에서 당선이 될 수 있었던 이유는 혼자가 아니었기 때문이다. 수많은 사람들의 헌신이 모여 하나의 결과를 만들었다. 당선은 내 이름으로 불렸지만, 그것은 결코 나 혼자의 이름이 아니었다.

살면서 우리는 모두 다른 위치에서 누군가의 길을 비추는 역할을 한다. 내가 앞장서는 날도 있고, 때로는 누군가의 뒤를 묵묵히 받쳐 주는 날도 있다. 그런 관계의 고리가 이어질 때, 삶은 비로소 힘을 얻는다. 혼자 가면 빠르지만, 함께 가야 멀리 간다는 말을 나는 선거를 통해 온몸으로 배웠다.

정치는 특별한 세계의 이야기가 아니라, 우리가 매일 살아내는 일상이다. 하루하루가 선택이고, 매 순간이 평가이며, 누군가의 마음을 얻기 위해 애쓰는 과정이기 때문이다.

인생도 마찬가지다. 목표를 세우고, 방향을 정하고, 수많은 변수 속에서도 중심을 잃지 않아야 한다. 오해와 비난 속에서도 결국은 자신이 믿는 길을 끝까지 걸어야 한다. 그 길 끝에서 누가 박수를 쳐 주든 그렇지 않든, 스스로에게 "나는 최선을 다했다"라고 말할 수 있다면, 그 또한 당선이다.

선거는 나를 더 단단하게 만들었다. 진심의 힘을 믿게 했고, 실패를 견디게 했으며, 사람을 더 깊이 사랑하게 만들었다. 결국 선거는 정치가 아니라 삶 그 자체였다. 나는 그날의 새벽처럼, 다시 숨을 깊게 내쉬며 마음속으로 다짐한다. 인생의 모든 선거에서, 나는 진심으로 투표하겠노라고.

멈추지 않는 ——
도전

도의원에 출마하기 전, 민주당 민주연구원에서 정치 공부를 시작했다. 다른 당도 마찬가지겠지만 민주당은 당원들을 위한 정치 교육 프로그램을 체계적으로 시행하고 있다. 도의원에 당선된 뒤에는 정책과 관련해서 더욱 열심히 공부했다.

특히 관심을 가졌던 주제는 '지방 소멸'이었다. 민주연구원 아카데미에서 지방 소멸에 관한 강의를 들으며 우리 지역의 미래를 고민했다. 강의 마지막 과제는 우리 지역의 소멸을 막기 위해 어떤 대안을 마련해야 하는지 발표하는 것이었다.

나는 발표에서 '지역의 특성화가 지역을 살리는 핵심 전략'이라고 제안했다. 지역의 특성을 살린 교육과 일자리가 하나로 연결될 때 지속 가능한 발전이 가능하다고 강조했다. 단순히 중앙정부의 지원을 기다리는 것이 아니라, 각 지자체가 가진 고유한 자원을 중심으로 특성화 전략을 세워야 한다는 것이 내 생각이었다.

이 경험은 내 정치 활동의 중요한 전환점이 되었다. 공부를 통해 얻은 통찰을 정책으로 실현하고 싶다는 열망이 커졌고, 결국 정책을 발의하게 되었다. 지역을 살리는 길은 멀리 있지 않았다. 답은 늘 사람과 지역의 특성을 제대로 이해하고, 그것을 연결하는 데 있었다.

나는 궁금한 의제가 생기면 밤낮으로 파고들어 스펀지가 물을 빨아들이듯 내용을 흡수했다. 의원 대상 교육이 있으면 서울이든 어디든 마다하지 않고 달려갔다. 공부는 힘들지만 재미있었다. 몰랐던 사실을 하나씩 알게 되는 기쁨도 컸고, 정책이 현실에 어떻게 적용되는지 깨달아 가는 과정도 신기하고 놀라웠다. 입법 전문가 과정도 수료했다.

어떤 교육 과정에서 한 강사님이 이런 이야기를 하셨다.

"올림픽 정신으로 도전하세요."

'참가하는 데 의미를 두고 끝까지 최선을 다하라'는 뜻이었지만, 내게는 새롭게 들렸다.

‘올림픽 정신으로 도전하면 못 할 게 뭐가 있을까.’

그래서 민주당 전국 여성 광역의원 대표에 도전했다. 전라남도 도의원 중에 민주당 여성 의원은 일곱 명이다. 대부분 나보다 연배가 높은 선배님들로, 한 분 한 분 연락을 드리고 여쭈어 보았다.

“제가 전국 광역의원 대표로 나가도 될까요?”

많은 분들이 힘들고 어려우니 하지 말라고 말리셨다. 서울까지 오가야 할 일도 많고 챙겨야 할 일도 많은데다 3선은 해야 광역의원 대표가 될 수 있다는 게 이유였다. 초선인 내가 고생할 것을 염려해서 마음 써 주신 말씀이었다.

그래도 나는 한번 해 보겠다는 마음을 꺾지 않았다. 도전해서 당선되면 좋고, 안 되어도 의미 있는 경험일 터였다. 이렇듯 올림픽 정신으로 출마했는데 결국 민주당 전국 여성 광역의원 대표에 당선이 되었다. 초선 의원으로는 쉽지 않은 일이었지만, 도전했기에 가능했다.

생각해 보면 내 인생 자체가 도전의 연속이었다. 정치에 입문하기 전에도, 입문한 후에도 도전은 계속되었다. 전남 여성정책포럼 위원, 순천 신대로타리클럽 초대회장, 전반기 경제관광문화위원회 위원, 찾아가는 전남교육 정책연구회 대표, 남도역사관광연구회 위원, 여성정책특별위원회 위원, 2023순천만국제정원박람회 지원 특별위원회 부위원장, 보건복지환위원회 부위원장, 의회 운영위원회 위원, 예산결산특별위원회 위원, 윤리특별위원회 위원 등을 비롯해 다양한 자리에서 책임을 맡았다.

도전했기에 해 볼 수 있었고, 문을 두드렸기에 열 수 있었다. 발로 뛰며 필요한 정책을 만드는 일은 내 적성에도 잘 맞았다. 애초에 책상 앞에 앉아 있기보다 몸을 움직이길 좋아하는 성향이기도 하지만 결과가 나왔을 때 사람들이 기뻐하고 생활이 나아지는 걸 보는 게 좋기 때문이다. 사람들은 일 좀 그만하라고, 쉬어 가며 하라고 하지만, 나에겐 이보다 재미있고 신나는 일이 없으니 실컷 즐기면서 하고 있다.

현실을 바꾸는 정책을 만들다

도의원으로서 내가 할 수 있는 가장 직접적인 일은 정책을 통해 삶을 바꾸는 것이었다. 도움이 필요한 곳이 어디인지 알기 위해서는 더 열심히 발로 뛰는 수밖에 없다.

가장 기억에 남는 일을 손꼽자면, 찾아가는 전남교육 정책연구회 대표를 맡아 첫 번째 조례 제정을 이끌어 낸 일이다. 전라남도

직업계고 취업률은 2018년 이후 계속 감소 추세였다. 취업자 중 54퍼센트 이상이 관외 지역에 취업하고 있었다.

이런 점이 너무나 안타까워 전라남도 지역 맞춤형 일자리 연계를 위해 의원 연구 단체인 '찾아가는 전남교육 정책연구회' 대표를 맡아 직업계고등학교 활성화 방안 마련을 위한 정책 연구용역, 학교 현장 방문, 정책 토론회 등을 추진하고 결과적으로 조례 제정까지 이끌어 냈다. 도민의 눈높이에서 도민 목소리를 대변하는 의정 활동을 펼치겠다고 다짐했던 첫 마음을 지켜 낸 것 같아 다행스러운 일이다.

이 조례 덕분에 제15회 2023 지방의원 매니페스토 약속대상 시상식에서 좋은 조례 부문 '우수상'을 수상했다. 사단법인 한국 매니페스토실천본부가 주관하는 '매니페스토 약속대상'은 해마다 전국의 지방의원을 대상으로 공약 이행 분야와 조례 분야로 나눠 시상하는데, 지방의회 역량 강화 및 주민 신뢰 기반 구축을 위해 만들어진 것이다.

내가 대표 발의했던 '전라남도교육청 직업계고등학교 산업교육 진흥 조례'는 민주연구원에서 제안한 부분들을 실행하고, 지역 산업 맞춤형 인력 양성을 위해 다양한 산학협력 및 지원을 위한 제도적 기반 마련을 했다는 점에서 높은 평가를 받았다. 필요한 부분을 정책으로 풀기 위해 묵묵히 일했을 뿐인데 이렇게 큰 상까지 받게 되어 감사할 따름이다.

최근에는 3년이라는 긴 시간 동안 공을 들인 일이 결과로 나타났다. 조부모 돌봄 수당을 발의해서 조례를 만든 일이다. 전라남도를 대표할 만큼 자랑스러운 정책이라고 생각한다. 어린이집에 맡기거나 부모가 돌봐도 수당이 나오는데 조부모가 돌봐 주면 수당이 나오지 않는 게 안타까웠다. 실질적으로 조부모가 아이를 돌보는 집도 많은데, 그 정성과 수고로움에 대해 이제라도 수당이 지급되어 다행이다.

이 정책은 세 아이를 키우며 일했던 내 경험이 출발점이 되었다. 솔직히 말해, 친정어머니의 도움이 없었다면 지금의 나는 사회생활을 이어가기 어려웠을 것이다. 아이 셋을 돌보는 일은 생각보다 훨씬 큰 에너지와 시간이 필요했고, 일과 육아를 병행한다는 건 늘 벼랑 끝을 걷는 일과 같았다. 하지만 어머니가 곁에서 손을 보태 주셨기에 나는 현장에서 일할 수 있었고, 아이들도 무럭무럭 자랄 수 있었다.

그 경험은 나에게 하나의 확신을 심어 주었다. 부모가 일터에서 자리를 지키려면, 조부모와 같은 돌봄 지원 체계가 필요하다는 것이다. 그래서 조부모 수당이 현실화된 것을 누구보다 반갑게 받아들였다. 나와 같은 부모들에게는 단순한 금전적 지원이 아니라, 사회에 참여할 수 있는 '기회'이자 '숨 쉴 틈'이기 때문이다.

돌아보면, 나 역시 아이 셋을 키우며 일터를 지킬 수 있었던 건 오롯이 가족의 도움 덕분이었다. 그 경험이 있었기에, 나는 같은 상황에 놓인 부모들의 현실을 누구보다 잘 안다. 아이를 키우는 일은 결국 한 사람의 책임이 아니라, 사회 전체가 함께 짊어져야 할 몫이다. 내가 만든 조부모 수당 정책에는 그런 삶의 체험이 고스란히 녹아 있다.

또 한 가지는 소상공인을 위한 보험 지원이다. 나 또한 소상공인으로 현장의 사정을 누구보다 잘 알고 있다. 형편이 어려운 소상공인의 경우 직원의 보험료마저 부담이 될 수밖에 없다. 전액 지원은 어렵지만 적어도 전라남도에서 취업한 청년들한테만큼은 4대 보험을 해 줘야 한다고 생각했다. 정부 지원이 절실하다고 생각해서 몇 년 동안 꾸준히 노력했는데 예산이 많이 든다고 번번이 거절당했다.

그러다 정부의 두루누리 사업이 시행되어서 지원이 가능하게 되었다. 정부의 두루누리 사업은 본래 사업주와 근로자가 부담해야 하는 4대 보험료 중 약 80퍼센트를 국가에서 지원하는 제도다. 하지만 나머지 약 20퍼센트는 여전히 청년들에게 부담으로 남아 있었다. 나는 이 부분을 해결하기 위해 전라남도 차원의 추가 지원 방안을 적극적으로 제안했고, 결국 예산 확보까지 이끌어 냈다.

그 결과 전라남도 내에서 대학을 졸업하고 도내 기업에 취업한 청년들에게는 기존 지원 외에 추가 지원이 이루어질 수 있도록 제도가 마련되었다. 모든 청년에게 일괄적으로 적용된 것은 아니었지만, 사회에 첫발을 내딛는 초년생들을 대상으로 일 년간 한정 지원이 이루어졌고, 이를 통해 청년들은 사실상 100퍼센트 가까운 보험료 지원 혜택을 받을 수 있었다.

나는 이 제도가 단순한 숫자의 문제가 아니라 청년들이 안정적으로 지역에 정착할 수 있는 첫걸음이라고 생각했다. 처음 사회에 나서는 청년들에게 보험료 부담은 적지 않은 장벽이기 때문이다. 그 장벽을 낮춰 주는 지원 하나가 청년의 삶의 궤도를 바꾸고, 지역에 머물 이유를 만들어 준다. 때문에 이 정책은 단순한 행정 조치가 아니라, 지역 청년을 붙잡는 '삶의 기반'이라고 믿는다.

소상공인을 위한 앱을 활성화하기 위한 노력도 오랫동안 해 왔다. 전라남도는 소상공인의 수수료 부담을 낮추기 위해 2.0퍼센트 미만의 낮은 수수료를 제공하는 공공 배달앱 '먹깨비'를 개발했다. 그런데 홍보가 제대로 되지 않아 이용하는 사람이 적었다. 잘 만들어진 앱의 사용률이 낮은 게 안타까웠지만, 본인들에게 도움이 되는 공공 앱이 있다는 사실조차 모르는 소상공인들이 많은 건 더욱더 안타까웠다.

먹깨비를 다시 살리기 위해 다방면으로 모색했다. 토론회를 열고, 어깨띠를 두르고 직접 신대지구로 나가 홍보 활동을 하고, 정원 박람회를 통해 많은 사람들에게 적극적으로 알렸다. 한 명이라도 더 알리기 위해 매일매일 발로 뛰었다. 땀 흘린 시간은 헛되지 않았다. 2024년 연말 기준 매출액 300억 이상, 누적 가맹점 1만 개 이상을 넘어선 것이다. 있는지 없는지조차 몰랐던 공공 배달앱 먹깨비는 현재 12만 명이 넘는 회원 수를 보유하며 꾸준히 안정적인 성장세를 보이고 있다.

전라남도일자리지원센터도 원스톱 지원 시스템으로 정비한 일도 기억에 남는다. 절박한 마음으로 일자리를 찾기 위해 갔는데 신청 절차 등이 복잡하면 도움은커녕 방해가 될 뿐이다. 사업은 진행하는 사람의 편리성이 아니라 이용하는 사람의 편리성이 우선시되어야 한다.

무엇보다 보람 있는 일은 전라남도의 풍부한 천연자원을 활용해 화장품 산업 육성을 위한 화장품 조례안을 최초로 만든 것이다. 화장품산업 육성을 위한 기본계획 수립과 화장품산업 육성을 위한 사업, 화장품산업 특화단지 조성 및 화장품산업 육성 지원시설 등을 골조로 하는 내용이다.

최근 전 세계에서 K-화장품이 엄청난 붐을 일으키고 있다. 업계의 패러다임도 단순한 유행 중심에서 효능, 친환경 및 지속가능성, 융복합, 초개인화로 변화하고 있다. 화장품산업은 관광, 문화, 바이오, 제약 등 타 산업과 연계해 새로운 부가가치를 창출해 혁신을 주도하는 대표적인 융복합산업이다. 조례 제정으로 체계적인 지원과 전문 인력 양성을 통해 지역경제 활성화와 고용 창출에 기여할 것으로 크게 기대된다.

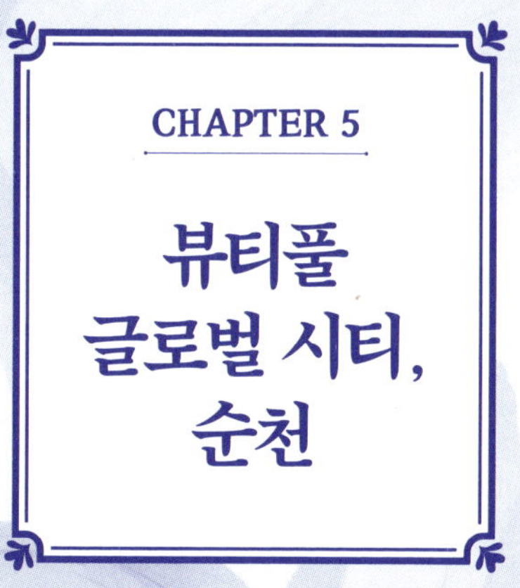

"지방이 살아남기 위해서는
지금까지와는 전혀 다른 전략이 필요하다.
단순한 지원 정책이나 임시방편적 예산 투입이 아니라.
지역이 가진 고유한 특성을 키워 내어
스스로 서는 힘을 만들어야 한다.
나는 그 해법의 핵심에 '교육'이 있다고 믿는다."

특성 있는 교육이
지역을 살린다

배우기 위해 찾아오는 곳이 되어야 한다

나는 오래전부터 교육에 관심이 깊었다. 그래서 도의원이 된 이후에도 자연스럽게 교육 정책에 눈길이 갔다. 나 자신이 미용 교육을 받지 않았다면 어떤 삶을 살고 있었을지 상상만으로도 막막했던 경험이 있기 때문이다. 그만큼 교육은 한 사람의 정신과 일상을 바꾸는 힘을 가지고 있다. 단지 기술을 익히는 차원이 아니라, 자신을 믿는 법과 세상을 향해 나아갈 용기를 가르쳐 주는 강력한 동력이다.

교육이 바뀌면 개인의 삶이 달라지고, 개인이 달라지면 지역의 운명도 바뀐다. 좋은 교육은 개인을 넘어 도시 전체를 변화시킨다.

같은 조건을 가진 지역이라도 학교의 수준과 특성에 따라 성장의 속도와 방향이 전혀 달라진다.

전라남도에는 직업계고등학교가 무려 50여 개나 있다. 특히 순천은 뷰티 산업 분야에서 독보적인 강점을 지닌 도시다. 관내에 위치한 순천대학교, 청암대학교, 제일대학교에서 뷰티 관련 학과를 운영하고 있는데, 이는 다른 지역에서는 찾아보기 어려운 일이다. 이러한 집중된 교육 기반은 지역의 정체성을 살리는 출발점이 될 수 있다. 나는 지역의 자원과 특성이 결합한 특성화 교육이야말로 지역을 살리는 길이라고 믿는다. 학교는 단순한 배움의 공간을 넘어 도시 경쟁력의 중심이 될 수 있기 때문이다.

서울대학교를 목표로 하는 학생이 순천으로 내려올 일은 거의 없을 것이다. 그러나 여기에서만 배울 수 있는 특별한 커리큘럼이 있다면 이야기는 달라진다. 학생들은 어디서든 배울 수 있는 '일반적인 교육'을 찾아가지 않는다. 오히려 특정 도시에서만 경험할 수 있는 '고유한 배움'을 찾아간다.

미국의 대표적인 요리학교인 CIA The Culinary Institute of America를 보라. 뉴욕의 하이드파크라는 작은 도시에 있음에도 전 세계 요리 지망생들이 몰려든다. 단지 요리를 배우기 위해서가 아니다. 실습 중심 커리큘럼, 세계적인 셰프 네트워크, 글로벌 레스토랑이나 호텔과의 연결성 등 CIA만의 탄탄한 교육 시스템이 학생들에게 '세계 어디서든 통한다'는 확신을 주기 때문이다.

디자인 명문 파슨스 스쿨Parsons School of Design 역시 마찬가지다. 학생들은 뉴욕이라는 도시를 동경해서 오는 것만이 아니다. 파슨스가 제공하는 교육이 단순한 기술 습득을 넘어 산업 현장과 연결된 창의적 실험의 장이기 때문이다. 졸업 전부터 실제 브랜드 프로젝트에 참여하고, 세계적인 디자이너와 협업하며, 졸업과 동시에 자신의 이름을 건 브랜드를 만들 수 있는 기반을 얻는다. 그래서 세계 각국의 젊은이들이 '배우기 위해' 파슨스를 찾고, 그 경험을 통해 자신의 인생 궤도를 바꾼다.

순천의 교육도 그런 곳이 되어야 한다. 단순히 '배우러 오는 학교'가 아니라 '그곳에서만 배울 수 있는 무언가를 갖춘 학교', 그리고 그 배움이 곧바로 '일자리'와 '삶'으로 이어지는 시스템을 갖춘 학교 말이다. 뷰티 산업은 단순히 머리카락을 자르는 기술이 아니라, 문화와 트렌드를 창조하는 산업이다. 우리가 이 강점을 살려 세계 어디에도 없는 커리큘럼을 만들고, 현장 실습과 창업 기회를 제공한다면 순천은 자연스럽게 배우기 위해 찾아오는 도시가 될 것이다.

좋은 교육은 사람을 끌어모으고, 사람을 모으는 교육은 도시를 성장시킨다. 그렇게 교육이 지역의 뿌리가 되면, 학생들은 졸업 후 다른 도시로 떠나지 않고 그곳에서 일하며 살아가게 된다. 이는 단순한 교육 정책이 아니다. 인재가 모이고 머무는 구조, 지역이 살아 숨 쉬는 선순환의 시작이다. 내가 교육에 집착하는 이유는 바로 여기에 있다. 한 사람의 인생을 바꾸는 힘이 결국 한 도시의 운명을 바꾸기 때문이다.

지방 소멸을 막으려면 ─── 지역의 특성화를 살려야 한다

지방은 서울과 수도권에 비해 상대적으로 여유로운 삶의 속도와 수려한 자연환경이라는 장점을 갖고 있다. 그러나 장점만큼이나 뚜렷한 한계도 있다. 경제, 문화, 산업, 교육 등 거의 모든 자원과 인프라가 수도권에 집중되면서 인재 유출, 일자리 감소라는 구조적 한계에 직면해 있다. 이는 단순한 '격차'의 문제가 아니다. 시간이 흐를수록 마을이 텅 비고 학교가 사라지는, 지역의 존재 자체가 위협받는 생존의 문제다.

지방이 살아남기 위해서는 지금까지와는 전혀 다른 전략이 필요하다. 단순한 지원 정책이나 임시방편적 예산 투입이 아니라, 지역이 가진 고유한 특성을 키워 내어 스스로 서는 힘을 만들어야 한다. 나는 그 해법의 핵심에 '교육'이 있다고 믿는다. 교육이 변하면 삶이 달라지고, 삶이 달라지면 지역의 미래도 달라진다.

특히 내가 도의원으로 활동하는 순천에서 아이들이 배우고, 일하고, 살아가는 길을 찾으려면 가장 먼저 손꼽고 싶은 것이 바로 뷰티 교육이다. 미용은 이론과 기술이 따로 갈 수 없는, 현장성이 강한 직무다. 책으로만 배워서는 절대 손끝에서 나오는 감각과 사람을 다루는 섬세한 호흡을 익힐 수 없다. 그래서 세계적인 미용인을 길러 내기 위해서는 반드시 학교 교육과 현장 실습이 병행되어야 한다. 이것이 단순한 직업교육을 넘어 '살아 있는 교육'이 되어야 하는 이유다.

여기에 국제화 전략을 결합하면 가능성은 더욱 커진다. 국내 학생만으로는 한계가 있기 때문이다. 다행히 한국의 미용 국가기술자격은 외국인도 취득할 수 있다. 이를 기반으로 해외 유학생을 유치하고, 전라남도에서 기술을 배우고 자격을 취득한 학생들이 국내 취업과 해외 취업, 두 갈래 길을 선택할 수 있도록 길을 열어 주자는 것이다.

나아가 한국에서 취득한 자격을 국제 자격으로 전환해 활용할 수 있다면, "전라남도에서 배운 기술은 세계 어디서나 통한다"라는 메시지를 실현할 수 있다. 이 메시지는 우리 청년들에게는 도전의 이유를, 외국 청년들에게는 머물 이유를 만들어 줄 것이다.

뷰티를 중심에 두면 산업 전체가 함께 움직인다. 뷰티 기술만 발전하는 것이 아니라, 그 주변의 경제 생태계가 살아난다. 화장품 원료 농업, 제조업, 관광, 서비스, 교육이 하나의 사이클을 이루며 도시를 움직인다. 특히 전라남도는 품질이 뛰어난 매실을 비롯한 천연원료가 풍부한 지역이다. 이미 '전남바이오진흥원 천연자원연구센터'는 이 강점을 살려 천연 소재의 전주기 표준화 지원 허브를 구축하고 있다. 뷰티 산업의 뿌리가 농업·바이오와 연결되고, 그 줄기가 제조와 서비스로 확장되며, 열매가 관광과 교육으로 맺히는 구조가 가능하다는 뜻이다. 교육이 산업을 끌고, 산업이 다시 교육을 밀어주는 선순환이 만들어지는 것이다.

이러한 그림은 이미 작은 변화로 나타나고 있다. 2025년, 중국 뷰티 사업가들이 순천을 방문했으며, 전라남도교육청과 자매결연을 맺은 베트남을 비롯한 동남아 여러 나라에서 약 70명의 고등학생이 전남으로 유학을 왔다. 이들은 이곳에서 특성화 교육을 비롯해 다양한 한국 문화를 배웠다. 작은 시작이지만, 교육이 지역의 경쟁력이 될 수 있다는 것, 그리고 세계의 청년들이 배우기 위해 이곳을 찾을 수 있음을 보여 주는 신호였다.

2026년 개교를 앞둔 강진국제고등학교는 이러한 국제 교육 인프라의 또 다른 거점이 될 것이다. 이처럼 교육의 국제화를 위한 기반이 하나둘 갖춰지는 지금이야말로, 현장에서 쌓은 경험을 아낌없이 꺼내 정책으로 전환해야 할 때다.

"사람이 떠나는 지역은 사라지지만, 사람이 모이는 지역은 다시 태어난다."

사람을 모이게 하는 힘은 결국 교육에서 시작된다. 서울과 수도권으로 가지 않아도 배울 것이 있고, 그 배움이 곧바로 일자리와 삶으로 연결된다면, 사람들은 남는다. 더 나아가 다른 지역과 나라의 사람들도 찾아오게 된다. 순천이 그런 도시가 된다면, 지방 소멸의 위기 앞에서도 새로운 가능성을 말할 수 있을 것이다.

뷰티 특성화된 교육이 중심에 서고, 그것이 산업과 연결되고, 다시 사람과 지역을 살리는 구조를 만든다면, 전라남도에서 배운 기술은 청년의 미래가 되고, 지역의 내일이 될 것이다. 나는 지금, 그 길을 만들기 위해 내 모든 힘을 쏟고자 한다.

배움과 현장이 ——
연결되어야 한다

교육은 '백년지대계'라는 말처럼 성급하게 접근해서는 안 된다. 2020년, 여수의 한 고등학교에서 실습 중이던 학생이 숨지는 가슴 아픈 일이 발생했다. 이후 실습을 전면 중단하라는 결정이 빠르게 내려졌다. 위험 직군과 비위험 직군의 구분도, 안전을 보강하는 방법도 논의되지 못한 채, 배움의 통로가 통째로 닫혔다. 실습이 끊기면 취업과 적응의 기회가 좁아진다는 것을 알고 있음에도 안전을 최우선으로 생각한 조치였다. 이해는 하면서도 아쉬움이 많이 남는 일이다.

학생은 공부만으로는 일터에서 적응하기 어렵다. 실습이 막히자 바로 변화가 나타났다. 지역 청년들의 취업 문이 좁아지고, 어렵게 취업해도 적응 과정에서 다시 힘에 부치기 시작했다. 학교에서 익힌 지식과 현장에서 필요한 기술 사이의 간극이 시간이 지날수록 벌어지고 있었기 때문이다. 무엇보다 "한 번도 해 보지 않은 일을 내일 당장 잘 해내라"라는 요구는 그 자체로 가혹하다. 연결이 끊긴 자리에서 책임은 더 쉽게 개인에게 전가되었다.

나는 '위험을 없애야 한다'라는 목표에는 동의한다. 다만 위험을 없애는 방법으로 연결을 끊는 것과 연결을 안전하게 다시 설계하는 것은 다른 길이다. 현장은 다층적이다. 같은 학교 안에서도 전공이 다르고, 같은 사업장 안에서도 작업이 다르다. 비극을 반복하지 않겠다는 마음은 모두 같지만, 해결 방법은 세밀해야 한다.

다행스럽게도 현장은 조금씩 움직이고 있다. 학생이 내일의 첫 출근을 덜 두려워하도록, 학부모가 오늘의 선택을 덜 불안해하도록, 사업장이 참여를 덜 망설이도록. 연결을 끊지 않는 규제, 안전을 포기하지 않는 배움을 계속해서 고민하고 해결책을 찾아 나가야 할 것이다.

우리 행정은 교육과 고용, 산업이 서로 다른 축으로 움직인다. 학교는 교육청의 일이고, 현장 실습과 일·학습 병행, 기업 협력은 도청의 일이다. 이 둘이 제대로 만날 때 학생의 배움이 일터로 이어지지만, 실제로는 자주 끊기는 경우가 많다. 실습과 취업은 사회에서 이뤄져야 하는데, 학교는 교육청 관할이라 서로 닿지 못하는 경우가 잦고, 같은 주제를 교육청과 도청이 각각 따로 추진해 중복이 생기기도 한다. 예전에는 이런 분절이 더 심했고, 지금은 많이 완화되었다고들 하지만, 연결의 부족은 여전히 문제로 남아 있다.

나는 그 단절을 여러 번 목격했다. 현장 실습과 학습이 멈췄을 때, 학교는 "교육청 승인 없이는 학생을 내보내기 어렵다"라고 했고, 사회·산업 쪽은 "교육 쪽과의 연결이 안 된다"라고 했다. 실습이 재개되려면 학교와 사회가 한 흐름으로 움직여야 하는데, 책임과 절차가 각자의 영역 안에 머무르면서 연결이 끊긴 것이다. 그래서 나는 계속 글을 쓰고, 여러 자리에서 "실습이 되어야 제대로 취업을 시킬 수 있다"는 발언을 자주 반복했다.

의원이 된 뒤에 의회 안에 '찾아가는 전남교육 정책연구회'를 만들었다. 현장에서 필요한 것이 무엇인지 파악하기 위해 외부 전문가에게 연구 용역을 맡겼고, 다른 시·도의 관련 조례를 모아 비교했다. 연구 결과를 책자로 정리하고, 그 안에서 우리 지역에 필요한 핵심을 추려 냈다. 무엇보다 기억에 남는 장면은, 도내 특성화고 교장들이 전원 참석해 의견을 모았던 자리다. "이렇게 모두가 모인 건 처음"이라는 말이 나올 정도로 참여도가 높았고 관심도 뜨거웠다.

연구와 논의의 초점은 단순했다. 실습을 무턱대고 막는 것도, 위험을 무시하고 밀어붙이는 것도 해법이 아니다. 학교와 사회가 이어지는 구조를 만들고, 각 기관의 책임을 명확히 하고, 무엇을 어떤 순서로 할지 정리해야 한다. 나는 '교육은 교육청, 실습은 사회'로 갈라진 선 위에서, 둘을 잇는 방법을 찾아야 한다고 생각했다. 그 과정에서 내가 할 수 있는 일은 현장의 요구와 우려를 모아 현실적인 제도로 옮기는 일이었다.

그렇게 쌓인 논의는 조례 제정으로 이어졌다. 나는 초선이었지만, 연구회 대표를 맡아 6개월 만에 관련 조례를 만들었다. 당시에는 실습 전면 중단 분위기가 조금씩 완화되던 시기였고, 그 틈에서 조례는 실습과 일·학습 병행을 가능하게 하는 근거를 마련하는 데 목적을 두었다. 단지 이름 하나를 바꾸는 일이 아니라, 끊긴 곳을 다시 잇는 기준을 세우는 일이었다.

실습을 재개하자는 주장은 위험을 가볍게 보자는 얘기가 아니다. 오히려 위험을 인정하되, 맞닿게 하자는 요청이다. 끊어 놓으면 안전해 보이지만, 그 사이에서 가장 먼저 흔들리는 건 학생의 내일이다.

앞으로도 나는 이 연결의 빈틈을 줄이는 데 힘을 보탤 것이다. 교육청과 도정의 역할을 존중하면서도, 연구로 근거를 세우고, 현장의 목소리를 모으고, 다른 지역의 사례를 배워 현실에 맞게 정리하는 일을 계속해서 해 나가려고 한다. 취업의 선택지가 넓어질 때 지역은 청년들을 붙잡을 힘을 얻게 될 것이다.

누구에게나
골든타임이 찾아온다

골든타임을 ─────
지키는 노력

지역의 정책을 말할 때 가장 민감하고 어려운 주제 중의 하나가 '의료'다. 모두에게 절실히 필요한 부분이지만, 수많은 이해관계가 얽혀 있기 때문이다. 누구나 예기치 않게 병원으로 실려 갈 수 있지만, 정작 입원조차 못 해 골든타임을 놓치는 일이 벌어질 수도 있다.

KTX와 직행버스 노선의 신설로 전국이 일일생활권에 접어든 것은 환영할 일이지만, 역설적으로 지역의 환자들이 너나없이 서울과 수도권으로 몰려드는 바람에 지역 의료 현장은 점점 위축되고 있다.

의료는 무엇보다 시간을 다투는 현장이다. 골든타임을 지키려면 가까이에 믿고 달려갈 병원이 있어야 한다. 환자가 의식이 없더라도 구급대와 보호자가 주저 없이 향할 수 있는 곳, 중증·응급과 필수 의료를 24시간 책임지며 교육과 연구로 인력을 길러내는 곳, 바로 그런 역할을 하는 중심 병원이 지역에는 반드시 필요하다.

예산과 인력, 법과 제도 등 수많은 이해관계가 얽혀 있어 늘 시작은 더딜 수밖에 없다. 그렇지만 어렵다고 미루는 사이 시간은 흘러가고, 그 시간 사이로 골든타임이 빠져나간다. 특히 중증 응급, 심뇌혈관, 소아·분만 같은 필수 의료는 골든타임이 성패를 가른다. 이 영역만큼은 인력과 병상, 장비를 권역 표준에 맞추고, 119와 응급실, 병상 상황이 한눈에 보이도록 정보를 묶어야 한다. "환자를 서울로 보내자"가 기본값이 되지 않도록 전원轉院은 예외로 두고, 지역 내 처치를 원칙으로 삼는 설계가 필요하다.

전라남도에는 아직 의과대학이 없다. 당장 유치하지 못한다면 '의대를 보내는 길'과 '지역에서 가르치는 길'을 함께 열어야 한다. 해외 의대와 연결된 국제고 모델을 지역에 세우고, 졸업생이 해외 의대로 진학하더라도 지역에서 인턴과 실습을 하게 하는 되돌아오는 고리를 만들어야 한다. 동시에 간호와 임상병리, 방사선, 응급구조 등 보건의료 직무 교육기관과 병원이 함께 설계한 현장 학습을 표준화하면 의사가 멀리서 오더라도 의료팀은 가까이에서 자랄 수 있다.

화려한 단지를 꿈꾸기보다 감염, 응급, 만성질환 관리처럼 지역에 꼭 필요한 과제부터 시작해 작은 임상과 운영 연구를 꾸준히 쌓고, 그 결과를 공공의료와 동네의원이 함께 적용하는 구조를 만들어 나가야 할 것이다.

다행히 경제자유구역 안에 외국인 학교와 병원 부지 같은 유휴 자리가 남아 있다. 오랫동안 움직이지 못한 이유는 경제자유구역 지정이라는 테두리에 묶여 있었기 때문이다. 여러 기관의 협업 등 장애 요건을 하나씩 해소하면서, 실제 운영이 가능한 비영리 의료법인 모델과 지역 대학·민간 의료기관의 컨소시엄을 함께 검토해야 한다. 외국 교육·의료 법인이 들어와야 한다면 왜 참여하지 않았는지를 먼저 파악하고, 수익 사업이 아니더라도 지역을 위해서 모두가 참여할 수 있는 운영 모델을 제시하는 것이 설득의 핵심이다. 결국 중요한 건 '누가 하느냐'보다 '어떤 원칙으로 하느냐'이다.

간판을 내거는 데는 시간이 걸리겠지만, 기능은 오늘부터 쌓을 수 있다. 응급과 중증 라인의 공동 콜 체계를 먼저 묶고, 보건의료 인력의 현장 학습 표준을 구축하며, 국제고 – 해외 의대 – 지역 실습으로 이어지는 교육 파이프라인을 가동할 수 있다.

특정 분야에 강점을 지닌 해외 대학과는 컨퍼런스와 연구 교류가 필요하다. '먼저 연결되고 차츰 확대'하는 순서를 지키면 된다. 병원으로 달리는 구급차 안에서 우리가 내린 결정들이 소중한 생명을 살리는 선택이 되기를 바란다. 그러기 위해 오늘 가능한 것부터 차근차근 시작해야 한다.

일 천 개 병상을 ───── 만들 때까지

의료는 시간과 공간의 싸움이다. 생명을 살리는 싸움에서 몇 분의 시간, 몇 미터의 거리 차이는 때로 삶과 죽음을 가른다. 그 두 가지 요소가 가장 집약적으로 드러나는 단어가 바로 '병상病床'이다.

병상은 단순한 침대의 개수를 의미하지 않는다. 그것은 시간을 지키는 속도와 공간을 확보하는 여유, 그리고 의료 체계의 총체적 대응 능력이 응축된 결과다. 그래서 나는 지역 의료의 목표선을 최소한 '일 천 개의 병상'으로 상정한다. 평시와 위기 상황을 오가며 유연하게 대응할 수 있는 현실적인 용량 설계, 그것이 곧 지역의 생명선을 구축하는 일이다.

무엇보다 먼저 해야 할 일은 현황을 정확히 파악하는 것이다. 우리 권역에 실제 몇 개의 병상이 있고, 그중 중환자실, 응급실, 격리실, 재활 병상이 각각 몇 개인지, 또 하루 중 어느 시간대에 가장 부족해지는지, 환자 전원轉院은 어떤 흐름과 절차를 거쳐 이뤄지는지 세밀히 분석해야 한다. 병상이 제대로 작동하려면 전문 인력, 의료 장비, 공간 구조, 그리고 대응 프로토콜이 유기적으로 맞물려야 한다. 이 중 하나라도 빠지면 병상은 존재하지만 작동하지 않는 숫자에 불과하다.

평시에는 중환자, 응급, 일반, 재활 병상의 비율을 균형 있게 유지하되 위기 시에는 신속히 전환할 수 있어야 한다. 감염병 확산, 대규모 재난, 폭염·한파 같은 기후 위기, 교통·산업 사고 등 비상 상황에서는 기존의 구조를 고정된 형태로 두는 것이 아니라, 격리 병상과 중환자 병상 중심으로 빠르게 바뀌는 슬라이딩 전환 sliding conversion 구조가 필요하다. 즉 병상 자체가 '움직일 수 있는 구조'를 가져야 한다는 뜻이다. 병상이 부족해지는 순간, 어떤 인력을 어디서 투입하고 어떤 장비를 우선 배치할 것인지, 어떤 절차를 먼저 가동할 것인지까지 계획되어야 한다.

이런 설계는 의료기관의 몫만이 아니다. 지자체, 소방, 경찰, 보건소, 복지 시스템이 모두 연결되어 있어야 진짜 의미가 있다. 병상이란 결국 단순한 물리적 공간이 아니라, '시간을 확보하기 위한 공공 시스템 전체의 반응성'이다. 예를 들어 중환자실이 남아 있어도 구급차가 늦으면 시간은 소용없고, 반대로 이송 체계가 완벽해도 병상이 없다면 환자는 대기 중 악화된다. 결국 병상 시스템은 단일 기관의 문제가 아닌 지역 전체의 대응 구조이며, 공공의 협력 체계가 움직여야 제대로 작동한다.

언제든 우리는 생명을 위협받는 상황에 놓일 수 있다. 오늘 뉴스 속 장면이 내일 내 가족의 현실이 될 수도 있다. 다급히 병원으로 이송되는 환자가 나 자신이거나 내가 사랑하는 사람일 가능성을 완전히 배제할 수 있는 사람은 아무도 없다. 그때 우리가 골든 타임을 지키지 못한다면, 그것은 정부나 병원만의 책임이 아니다. 우리가 미리 준비하지 못한, '예견된 인재人災'라고 할 수밖에 없다.

병상은 숫자가 아니라 신뢰다. 위기 상황에서도 제때 치료를 받을 수 있다는 믿음, 그 믿음이 곧 지역 의료의 경쟁력이다. 이 신뢰를 확보하기 위해서는 일상적인 의료 수요를 충족시키는 것에서 한발 더 나아가야 한다. 평소엔 사용하지 않더라도 위기 시 즉시 가동할 수 있는 예비 병상, 유연하게 전환할 수 있는 모듈형 공간, 지역 간 전원 시스템을 사전에 시뮬레이션하는 반복 훈련 등이 모두 필요하다.

‘일 천 개 병상’은 단순한 목표치가 아니라, 생명을 살리는 구조이자 도시를 지키는 전략이며 공동체를 지속시키는 힘이다. 의료는 기술이 아니라 약속이다. 시간 안에 도착하고, 공간 안에서 치료받게 하겠다는 사회 전체의 약속이다. 그 약속을 지키는 첫걸음이 바로 병상 설계다. 숫자를 넘어 시스템을 설계하고, 위기를 넘어 미래를 대비하는 병상 전략을 세운다면, 우리는 어떤 위기 앞에서도 생명을 지켜 낼 수 있을 것이다.

해외 사례에서 ——— 배우다

골든타임을 지키는 것도, 병상을 움직이는 것도 결국은 사람의 일이다. 의료 정책을 공부하다가 헝가리의 데브레첸 의과대학의 사례를 알게 되었다. 이곳은 오래전부터 해외 학생에게 문을 열어 영어 기반의 수업을 운영했고, 한국 학생들도 이곳을 통해 의사 국가시험에 응시해 합격한 사례를 쌓아 왔다.

무엇보다 인상적인 점은 의대가 지역의 병원·도시와 하나의 생태계를 이루며 기초의학 – 임상 – 교육 – 현장이 끊기지 않는 구조를 만들었다는 것이다. “데브레첸 의대가 세계인을 받아 세계적인 의사를 키웠다"는 말에는 개방성과 표준, 그리고 연결이라는 세 가지 핵심이 담겨 있다.

첫째는 개방성이다. 데브레첸 의과대학은 국적과 배경이 다른 학생을 받아들일 준비가 되어 있고, 이를 뒷받침할 언어와 커리큘럼 체계를 갖췄다. 우리 지역이 의과대학을 당장 품지 못한다면, 바로 이 개방성에서 길을 찾을 수 있다. 국제고를 통해 해외 의과대학으로 진학할 수 있는 문을 열고, 학생들이 방학과 인턴 기간에 지역의 병원과 보건소로 돌아오는 고리를 만들어 주는 방식이다. 밖으로 나가는 것이 떠남이 아니라, 돌아올 준비가 되는 교육. 이것이야말로 우리가 당장 시작할 수 있는 '의료 파이프라인'이다.

둘째는 표준화다. 데브레첸 의과대학 사례에서 반복해서 들은 표현은 체계였다. 기초와 임상을 잇는 수업 구조, 수련과 평가 기준이 일관되어 있어 배우는 사람과 가르치는 사람이 같은 내용을 공유한다. 우리에게 필요한 것도 바로 이 부분이다. 간호, 임상병리, 방사선, 응급구조 등 보건의료 직무 교육과 병원의 실습을 동일한 표준서로 묶어야 한다. 선정과 탈락의 사유를 투명하게 공개하고, 평가표를 다음 분기의 개선 지침으로 활용하면 표준은 경직이 아니라 예측 가능성이고, 예측 가능성은 교육과 현장을 붙잡아 두는 힘이 된다.

셋째는 연결성이다. 데브레첸 의과대학의 의료 환경은 대학과 병원, 도시가 상시적으로 연결되어 있다. 강의실의 지식이 병동의 결정으로 이어지고, 병동의 경험이 다시 교과의 개선으로 환류된다. 우리는 이 연결을 우리 방식으로 실현하면 된다. 대학병원(또는 상급병원)과 권역 병원들이 정례 케이스 컨퍼런스를 열고, 해외 대학과 원격 강의 및 합동 세미나를 이어가면 된다. 작은 규모라도 정해진 시간에 꾸준히 이어지면 분명 좋은 열매를 맺을 것이다.

이 세 가지 핵심 요인을 생각하면 교육, 진료, 연구의 연결이 자연스럽게 그려진다. 국제고에서 출발한 학생이 영어, 기초과학, 의료, 커뮤니케이션을 충분히 준비하고, 해외 의과대학에서 본격적으로 배우며, 방학과 인턴십에 지역으로 돌아와 경험을 쌓고, 졸업 후 본격적으로 지역에서 일한다면 우리가 고민하는 의료 문제는 차차 해결될 것이다.

물론 넘어야 할 산은 분명히 존재한다. 국내 의대 정원 정책은 국가 차원의 큰 틀 속에서 움직이는 사안이고, 외국 교육법인의 참여 요건 또한 까다로운 법과 제도적 절차를 거쳐야 한다. 교육과 의료를 연계하는 과정에서 발생하는 비용 구조를 어떻게 설계할 것인지, 재정 지원과 장학 시스템을 어떤 방식으로 마련할 것인지도 간단히 풀 수 있는 문제가 아니다. 경제자유구역으로 묶인 신대지구는 순천시, 전라남도, 국회, 경제자유구역청 등 다양한 기관의 적극적인 협력이 필요하다.

하루아침에 해결되는 일은 없다. 단숨에 모든 것을 이룰 수 없기에 지금 할 수 있는 작은 일부터 차근차근 쌓아 가야 한다. 방향이 명확하다면, 작은 한 걸음이 결국 큰 변화를 만들 것이다. 나는 이 일을 거창하게 포장하고 싶지 않다. 거대한 청사진을 말하기보다 지금 우리가 서 있는 이 자리에서 한 걸음 내딛는 것이 중요하다. 처음부터 완벽할 필요는 없다. 중요한 것은 포기하지 않고 꾸준히 실천해 나가는 의지라고 생각한다. 불가능하다고 생각하면 눈앞의 기회조차 사라지고, 가능하다고 믿는 순간 현실을 바꿀 동력이 생긴다. 결국 선택의 문제다. 우리에게 주어진 길이 단 하나뿐이라면 그것을 탓할 수 있겠지만, 가능성을 믿고 나아가는 길과 믿지 않고 멈춰 서는 길 중 하나를 선택할 수 있다면, 나는 주저 없이 전자를 택할 것이다.

그 믿음의 중심에는 '꿈'이 있다. 나는 가능성을 믿는다. 언젠가 우리의 도시 순천이 의료의 도시로 불리게 될 날이 반드시 올 것이라고. 지금은 작은 씨앗일지라도, 올바른 방향으로 뿌리를 내리고 자라난다면 언젠가 거대한 나무가 되어 도시를 지탱할 줄기와 그늘을 만들 것이다. 그때가 되면 순천의 이름은 단순히 한 지역의 행정 구역이 아니라, 의료와 교육이 결합한 미래 산업의 중심지로 기억될 것이다.

그리고 나는 그 명예가 소수 전문가나 정책 입안자의 것이 아니라, 우리 순천 시민 모두의 것이라고 믿는다. 한 사람의 의지가 아니라, 모두가 함께 만들어 낸 변화이기에 더 큰 가치가 있다. 시민들이 자신의 도시를 자랑스러워하고, 자녀가 이곳에서 배우고 성장하며, 외국의 청년들까지도 이곳에서 미래를 설계하는 모습을 보는 것. 그것이 내가 그리고 싶은 내일이다.

지금 우리가 서 있는 곳은 출발선이다. 산이 높다고, 길이 멀다고 주저앉는다면 변화는 시작되지 않는다. 하지만 "가능하다"라는 믿음으로 한 걸음씩 나아가면 길은 저절로 열릴 것이다. 나는 그 길 위에서 순천의 미래를 함께 그리고 싶다. 의료와 교육, 산업과 사람이 연결되는 도시, 모두가 찾아오고 머무르고 싶어 하는 도시. 그날이 오면, 우리는 스스로에게 이렇게 말할 수 있을 것이다.

"이 길은 처음부터 불가능하지 않았다. 우리가 가능성을 믿었기에, 결국 여기까지 올 수 있었다."

이제 우리가 할 일은 더욱더 뚜렷하다. 순천만의 특성, 순천만의 장점, 순천만의 개성을 살려 세계인이 찾아오는 무대를 만드는 것이다.

공존의 품격이
도시의 품격을 만든다

다문화 가정은 이제 더 이상 낯선 풍경이 아니다. 한때 우리는 '한민족'이라는 말 아래 비슷한 얼굴, 비슷한 언어, 비슷한 생각으로 살아가는 것을 당연하게 여겼다. 그래서 다른 문화와 언어를 가진 사람들을 마주할 때면 낯설고 어색하게 느끼곤 했다. 그러나 세상은 이미 오래전부터 다문화를 이루고 있다. 세계적인 도시들은 전 세계 사람들이 모여 각기 다른 언어로 말하고, 다른 방식으로 사랑하며, 다양한 형태의 가족을 이루고 있다. 그 다양함이 도시의 복잡성을 만들고, 동시에 그 복잡함이 도시의 매력을 완성시킨다.

도시의 품격은 크기나 인구수로 결정되지 않는다. 도시가 세계와 만나는 방법은 외적인 성장만이 아니라, 사람을 대하는 태도에 있다. 나는 다양성을 환영하는 마음, 서로의 다름을 관대하게 받아들이는 분위기, 즉 공존을 인정하는 태도가 도시의 품격을 만든다고 믿는다.

여기에는 다문화 가정, 장애인, 사회적 약자를 위한 정책도 포함된다. 우리 모두가 '공존'이라는 한 자리에 함께 서 있다. 그 자리가 넓어질수록, 도시의 품격도 자연스럽게 높아진다.

나는 과거의 결혼이민 정책이 남긴 여러 상처를 가까이에서 보았다. '데려왔으니 알아서 적응하라'는 식의 태도로는 건강한 공동체가 만들어질 수 없다. 누군가의 이주는 단순한 이동이 아니라 낯선 땅에 새로운 뿌리를 내리는 과정이다. 이주민이 진짜 시민으로 자리 잡으려면 사회공동체 안에서 이웃이 되고, 일자리를 통해 안정된 삶을 영위하며, 교육을 통해 배움을 이어갈 수 있어야 한다. 그래야 '이주移住'가 아닌 '정주定住'로 이어질 수 있다.

외국에서 산다고 생각해 보자. 처음에는 모든 것이 서툴다. 휴대폰 개통, 은행 업무, 대중교통 이용, 분리수거, 병원이나 약국 방문까지 사소한 일상조차 낯설다. 법이나 제도보다 더 어려운 것은 이런 생활의 디테일이다. 우리나라에 결혼, 취업, 학업 등의 이유로 들어온 외국인들도 마찬가지다. 모든 것을 하루아침에 익히기란 불가능하다. 당연히 시간이 필요하고, 그 시간을 지켜봐 주는 사회의 여유가 필요하다.

그래서 나는 '공존의 정치'는 정책만으로는 완성되지 않는다고 생각한다. 구조를 세우는 것은 정책이지만, 사회를 따뜻하게 만드는 것은 관대함이다. 서툰 첫날을 한 번 더 기다려 주는 마음, 실수한 서류를 다시 낼 수 있는 절차, 아픈 아이를 위해 눈치 보지 않고 도움을 요청할 수 있는 창구. 이런 작고 세심한 배려들이 진짜 공존을 완성한다.

다문화 가정을 위한 정책은 특별 대우가 아니다. 그저 공정하게 접근하는 방법일 뿐이다. 글로벌 시티는 국경을 없애는 도시가 아니라, 문턱을 낮춘 도시다. 누구나 들어올 수 있고, 누구나 함께 설 수 있는 곳이다. 그곳에서는 인구의 숫자보다 마음의 넓이가 더 큰 자산이 된다. 결국 세계적인 도시는 크기보다 품격으로 완성된다. 그리고 그 품격은 다양성을 받아들이는 관대함의 온도에서 시작될 것이다.

도시의 품격은 그곳에서 가장 힘없는 사람의 하루가 얼마나 안전하고 존엄하게 흘러가는지를 보면 알 수 있다. 화려한 건물과 인프라가 늘어나도 휠체어 한 대 다니기 어렵고, 아이가 마음 놓고 뛰어놀 곳이 없다면, 그 도시는 결코 품격을 가졌다고 말할 수 없다.

공존의 품격이란 결국 '누가 중심에 서 있느냐'의 문제이고, 진짜 품격 있는 도시는 가장 약한 사람을 중심에 두는 도시다. 도시가 그들을 먼저 품을 때, 비로소 모든 시민이 함께 잘 살 수 있다.

이 원리는 세계적인 도시들이 이미 증명하고 있다. 핀란드의 수도 헬싱키는 도시 설계 단계에서부터 장애인·고령자·아동의 이동 동선을 먼저 고려한다. 대중교통, 공공건물, 보행로 설계까지 '누구나 같은 시간에 같은 목적지에 도착할 수 있는 도시'를 목표로 삼는다. 이 철학이 도시의 품격을 높였고, 헬싱키는 전 세계에서 가장 살기 좋은 도시 중 하나로 꼽히고 있다.

스페인의 바르셀로나 역시 마찬가지다. 공공공간을 단순히 '누군가를 위한 시설'이 아닌 '모두가 쓸 수 있는 구조'로 재구성하며, 장애인이나 노약자가 혼자서도 일상을 누릴 수 있는 환경을 만들었다. 약자를 위한 설계가 특정 집단을 위한 특혜가 아니라 도시 전체의 사용성을 끌어올린다는 것을 보여 주는 대표적인 사례다.

우리도 마찬가지다. 순천이 진정한 품격을 갖춘 도시가 되려면, 작은 불편에도 귀 기울이는 섬세한 감각이 필요하다. 보도 턱 하나, 신호등 타이머 몇 초, 화장실 손잡이의 위치 하나가 누군가에게는 일상의 가능성과 불가능을 갈라놓는다. 그 작은 차이를 민감하게 감지하고 먼저 바꾸는 일이 결국 도시의 품격으로 이어진다. 정책의 우선순위를 세울 때도 다수를 기준으로 삼지 말고, 제일 먼저 불편을 느끼는 소수의 시선에서 시작해야 한다. 소수를 위한 도시가 결국 모두를 위한 도시이기 때문이다.

또한 공존의 울타리는 물리적인 인프라에서 그치지 않아야 한다. 마음의 울타리, 즉 사람을 대하는 태도와 인식도 함께 자라야 한다. 외국인 노동자, 다문화 가정, 장애인, 고령자에 대한 배려는 제도만으로 완성되지 않는다. 서로를 바라보는 눈빛과 말투, 함께 살아가려는 의지에서 시작된다. 약자를 향한 따뜻한 시선이 곧 도시의 문화이고 품격이다.

공존의 품격은 도시의 경쟁력이다. 약자를 위한 울타리가 잘 세워진 도시는 낯선 이에게도 따뜻하고, 위기 앞에서도 흔들리지 않는다. 작은 불편에도 세심히 대응하는 시스템은 결국 모두의 안전망이 되고, 한 사람을 위한 배려가 도시 전체의 신뢰를 높인다. 약자를 위한 울타리를 정성껏 세운 도시만이 오래 살아남고, 세상과 어깨를 나란히 하는 도시로 성장할 수 있다. 공존의 품격은 순천의 품격이 되고, 순천의 품격은 이곳에 사는 우리 모두의 자부심이 될 것이다.

시간이 ——— 쌓이는 도시

도시의 품격은 시간 속에서 쌓인다. 화려한 건물을 세우거나 거대한 행사를 치른다고 얻어지는 것이 아니다. 눈에 잘 띄지 않는 수많은 시간이 차곡차곡 쌓여 이루어지는 결과이다. 오랜 시간에 걸친 선택과 축적, 그리고 시민들의 삶 속에서 자라난 문화가 모여 비로소 도시의 품격을 완성한다.

시간이 만든 도시들은 눈에 띄는 화려함보다 깊이 있는 울림을 남긴다. 일본 교토는 천 년이 넘는 시간 동안 전통과 현대가 공존하는 도시로 발전했다. 도시의 골목마다 깃든 오래된 집과 정원, 장인의 손길이 깃든 공방, 천천히 흐르는 일상의 리듬은 단기간에 흉내 낼 수 없는 품격을 만들어 냈다. 유럽의 도시들도 마찬가지다. 프랑스 파리, 이탈리아 피렌체는 시대의 흐름에 따라 도시를 몇 차례 다시 세웠지만, 매번 '시간을 존중하는 방식'으로 변화를 선택했다. 그 결과 오래된 건물과 새로운 문화가 조화를 이루며 도시 전체가 살아 있는 역사 교과서가 되었다.

우리가 만들어 가야 할 순천도 이와 같아야 한다. 눈앞의 성과만을 좇아 단기간에 변화를 이끌어 내는 것이 아니라, 시간이 쌓이면서 더 단단해지는 도시, 세대가 달라져도 본질이 이어지는 도시 말이다.

하나의 도시를 만드는 일은 '시간과의 대화'라고 할 수 있다. 지금 우리가 내리는 작은 결정 하나, 골목의 가로수를 심는 일, 공공건물의 재료를 선택하는 일, 시민 공간을 설계하는 일이 수십 년 뒤 도시의 얼굴을 결정한다. 그래서 도시 정책은 눈앞의 필요만을 충족하는 것이 아니라, 다음 세대가 살아갈 공간에 대한 책임을 담고 있어야 한다.

품격 있는 도시란 느림을 품은 도시이기도 하다. 속도만을 경쟁하는 도시에서는 사람들의 삶이 쉽게 닳아 버린다. 반면 느림을 받아들인 도시는 시민이 자기 삶을 충분히 누릴 수 있는 여백을 만든다. 공원이 단순한 휴식 공간이 아니라 삶을 돌아보는 정원이 되고, 도서관이 책을 빌리는 곳을 넘어 생각을 키우는 시간이 되며,

오래된 시장이 단순한 거래의 공간을 넘어 세대를 잇는 기억의 장소가 된다. 그런 공간들이 많아질수록 도시의 시간은 깊어지고, 아름다워질 것이다.

순천이 지향해야 할 도시도 그런 도시다. 빠른 변화만 추구하기보다, 시간을 쌓아 가며 품격을 키우는 도시. 아이가 자라 청년이 되고, 청년이 가정을 이루어도 여전히 머물고 싶은 도시. 오래된 가게가 여전히 같은 자리를 지키고, 한 세대가 심은 나무 아래에서 다음 세대가 휴식을 얻는 도시. 그 과정에서 쌓인 시간은 단지 과거의 흔적이 아니라 미래를 키우는 자산이 된다.

도시의 품격은 지금 이 순간의 화려함보다 오랜 시간이 만든 신뢰와 깊이에서 비롯된다. 우리가 오늘 심은 작은 씨앗이 내일의 풍경을 만들고, 지금 세운 원칙이 다음 세대의 기준이 된다. 그래서 도시를 만드는 일은 곧 시간을 만드는 일이다. 그리고 그 시간 위에서 자라나는 품격이야말로, 세대와 세대를 이어 가며 살아 숨 쉬는 힘이 될 것이다.

일상의 디테일이 ———
도시의 품격을 완성한다

공존의 품격도, 세계 속의 도시로 나아가는 전략도, 시간이 쌓여 자라는 도시의 철학도 결국 하나의 지점에서 만난다. 바로 '일상의 디테일'이다. 도시의 품격은 거창한 계획이나 화려한 청사진에서 시작되지 않는다. 시민이 매일 걸어 다니는 길, 기다리는 버스 정류장, 쉬어 가는 공원의 의자, 문턱 없는 건물 입구 같은 작고 구체적인 순간들에서 비로소 완성된다. 삶의 질을 바꾸는 힘은 거대한 변화보다 일상의 사소한 불편을 없애는 데서 나온다.

그런 의미에서 순천이 앞으로 나아가야 할 방향도 분명하다. 도시의 울타리를 다섯 가지 관점에서 세심히 점검해야 한다.

첫째, 이동은 권리라는 인식에서 출발해야 한다. 교통은 단순한 편의가 아니다. 누구나 제시간에, 안전하게, 원하는 곳으로 갈 수 있어야 비로소 사회의 구성원으로 참여할 수 있다. 대중교통이 연결망이자 생명선인 이유다.

둘째, 문화와 여가의 문턱을 낮추는 제도가 필요하다. 경제적 여건이나 신체적 조건 때문에 문화에서 배제되는 시민이 없도록 해야 한다. 문화는 소수가 누리는 사치가 아니라, 모두가 누려야 할 기본권이기 때문이다.

셋째, 주거의 안정성을 높이는 안전망을 마련해야 한다. 집은 삶의 뿌리이자 일상의 기반이다. 갑작스러운 위기나 일시적인 어려움 때문에 한순간에 삶의 터전을 잃는 일이 없도록 제도적 완충 장치를 마련하는 것이 도시의 품격을 지키는 일이다.

넷째, 정책의 실효성을 끊임없이 점검하는 자세가 필요하다. 시민이 체감하지 못하는 제도는 존재 자체로 의미를 잃는다. 정책은 책상 위에서 완성되는 것이 아니라 거리에서, 골목에서, 사람들의 일상에서 작동할 때 비로소 완성된다.

이런 세심한 디테일이 쌓일수록 도시의 품격은 높아진다. 머무는 사람들이 늘어나고, 머무는 시간이 길어질수록 도시는 자연스럽게 세계와 연결된다. 글로벌 시티의 성패는 화려한 비전이나 숫자에 달려 있지 않다. 결국 핵심은 한 사람의 하루가 얼마나 편안하고 품격 있게 흘러가느냐에 달려 있다고 할 것이다. 삶의 불편이 줄어들고, 누구나 도시의 리듬 안에서 자연스럽게 어울려 살아갈 수 있을 때, 순천은 진정한 의미에서 세계 속의 도시로 성장할 것이다. 그리고 그 성장은 어느 찰나의 도약이 아니라, 오늘 우리가 쌓아 가는 작고 세심한 디테일에서 비롯된다고 믿는다.

K-뷰티의 세계적인 허브,
순천을 꿈꾸며

뷰티 시티 순천,
상상이 현실로

예로부터 "순천에 가서 인물 자랑하지 말라"는 말이 있다. 언제부터 시작된 말인지 정확한 기원을 단정할 수는 없지만, 오래전부터 전해 내려온 지역의 표현이라는 점은 여러 기록과 기사에서 확인된다. 한 도시가 '사람'을 먼저 떠올리게 한다면, 그 도시엔 대개 사람을 머물게 하는 풍경과 생활의 바탕이 함께 있는 법이다. 나는 그 바탕에서 순천이 '뷰티 시티'에 어울리는 이유를 찾는다.

먼저, 순천은 세계가 인정한 생태의 원형을 품고 있다. '한국의 갯벌Getbol' 세계유산을 구성하는 네 구역 중 하나가 '보성 – 순천 갯벌'이다. 유네스코는 이 지역이 동아시아 – 대양주 철새 이동 경로EAAF 핵심 서식지이자 원형성과 완전성을 갖춘 생태계라 평가하며 2021년에 세계유산으로 등재했다. 같은 연안에 자리한 갯벌과 갈대 군락, 하구 습지는 흩어진 자연을 하나로 잇는 고리다. 이런 연결성은 일상의 동선과 쉼을 부드럽게 연결하는 도시 설계의 토대가 된다.

순천만 습지는 이미 오래전부터 국제적 습지 보전 체계의 모범으로 꼽혀 왔다. 2006년 람사르 습지로 지정된 이후 보호구역 관리 체계가 점차 정교해졌다. 갯벌이 저장하는 '블루 카본'의 가치까지 생각하면 순천은 기후 위기 시대에 필요한 책임과 경쟁력을 모두 갖춘 도시라 할 수 있다. 보전과 이용 사이의 균형을 지키는 신뢰할 만한 기준선이 이미 존재하는 셈이다.

순천에 '정원의 도시'라는 별칭이 붙은 것도 우연이 아니다. 2013년 국제정원박람회를 계기로 조성된 공간은 2015년 대한민국 1호 국가정원으로 제도화되었고, 2023년에는 정원 박람회를 도시 전역으로 확장해 운영했다. 지금은 명실공히 대한민국 최고의 명소로 손꼽히고 있다.

수려한 산세와 유서 깊은 절이 많은 점도 순천의 커다란 축복이다. 조계산 자락의 선암사와 송광사는 2018년 '산사, 한국의 산지 승원'으로 유네스코 세계유산에 함께 올랐다. 전통적인 수행 문화가 유서 깊게 남아 있는 산사는 빨라지기 쉬운 도시의 호흡을 낮추는 완충재 역할을 한다. 사람을 휘몰아치는 도시의 바쁜 속도에서 한 걸음 물러서 숨을 고를 수 있을 때, 그 자체로 이미 '아름다움'의 한 형태라고 말할 수 있지 않을까.

이처럼 순천은 습지 – 정원 – 산사로 이어지는 천연자원과 문화자원을 유기적으로 묶을 수 있는 도시다. 자연의 기준(세계유산·람사르), 제도의 기준(국가정원), 문화의 기준(산사)이 공존하는 순천은 이미 검증된 뷰티 도시다. 거대한 변화를 감당할 체력과 기준을 모두 갖춘 도시이기에, 나는 '뷰티 시티 순천'을 상상이 아니라 현실로 만드는 일에 힘을 크게 보태고자 한다.

버려지는 원물을 자원으로 바꾸는 일

순천이라는 도시 자체가 주는 아름다움 속에서 나 또한 개인적으로 '뷰티 시티 순천'에 기여할 수 있는 일이 무엇일지 오래 고민했다. 석사 및 박사과정을 밟을 때 천연자원으로 제품을 만드는 일에 관심을 두었는데, 이것은 '미용'이라는 내 오랜 직업적 환경에서 비롯된 일이었다.

예전엔 지금처럼 품질이 좋은 샴푸가 드물었다. 미용실에선 하루에도 수십 번씩 샴푸를 썼는데, 퇴근할 때면 손등이 쩍쩍 갈라지고, 손가락 마디가 벌겋게 부어올랐다. "원래 미용사는 그래"라고 넘기기엔 후배들과 제자들의 손도 똑같이 상해 있었다. 발갛게 부르튼 손을 보면 마음이 아팠다. 아마 그때부터였던 것 같다. 언젠가 좋은 샴푸를 만들고 싶다는 생각이 자라기 시작한 것이.

대학원에 진학하면서 이 생각을 구체적으로 실행에 옮기게 되었다. 가장 먼저 떠오른 건 살구였다. 살구씨 오일은 가볍고 잘 스며들며 올레산, 리놀레산 같은 좋은 지방산이 풍부해 피부 장벽 보호에 도움을 준다.

"살구가 된다면, 우리 매실도 되지 않을까?"

딸들이 어렸을 때 아토피가 심했는데, 어머니가 매실 엑기스를 만들어 먹이고 매실 달인 물을 발라 주었더니 증세가 사라졌던 일이 기억났다. 매실엔 특별한 효능이 있는 게 틀림없었다. 살구와 매실은 사촌 격인 나무로, 씨앗 기름의 성질도 닮았다. 과육은 다양하게 쓰여도 씨앗은 버려진다. 쓸모를 찾지 못해 버려지는 원물을 자원으로 바꾸는 일, 그것이야말로 재생의 의미라고 생각했다.

그러나 연구 중에 치명적인 장애물을 발견했다. 핵과류 씨앗에는 아미그달린이라는 독성 성분이 있는데, 바로 이 성분이 허가의 걸림돌이 될 수 있었다. 포기할 수도 있었지만, 끝까지 가 보고 싶은 마음이 더 컸다. 매실 과육에서 씨앗을 발라낸 다음, 그 안에 있는 핵을 분리했다. 그것을 깨끗이 씻고 말리고 이물질을 빼는 과정을 반복했다. 매실 과육에서 씨를 발라내는 작업은 씨에서 핵을 분리하는 일에 비하면 쉬운 일이었다. 망치로 딱딱한 씨를 쪼개고 안에 있는 핵을 따로 분리하는 일을 하루에 열 시간씩 해도, 양손을 겨우 채울 만큼의 양이 나왔다. 어느 정도 양이 모아져야 기름을 짤 수 있기에 매실을 까고 또 까는 수밖에 없었다. 게다가 깨끗하게 씻어 말린 핵을 기름으로 압착한 후 아미그달린 잔류 검사를 다시 받아야 했다. 안전을 지키기 위해 당연히 지켜야 하는 과정이었지만 지난하고 힘든 시간이었다.

이 과정에서 가장 큰 도움을 주신 분은 아버지였다. 아버지가 도와주시지 않았다면, 나 혼자선 더 오랜 시간이 걸렸을 것이다. 큰딸의 가게를 위해 집을 저당 잡히고 대출받은 돈을 내주시던 아버지, 어머니가 돌아가신 후에 말없이 울음을 삼키던 아버지, 언제나 우리를 살뜰하게 살펴 주시던 아버지는 투박하고 큰 손으로 작디작은 매실을 까는 일까지 손수 해 주셨다. 아버지의 사랑이야말로 큰 나무가 아낌없이 내어 주는 그늘과 같았다. 이 지면을 빌어 아버지의 크고 깊은 은혜에 감사드린다.

어렵게 얻은 매실 씨를 모아 방앗간을 찾아갔다.

"이거 기름으로 짜 줄 수 있어요?"

"이게 뭔데요?"

"매실이요."

"매실? 안 돼요, 안 돼."

"왜 안 돼요? 들기름, 참기름도 씨앗이잖아요."

"그거랑은 다르지. 매실엔 독이 있잖아요."

몇 번을 사정해도 안 된다는 말뿐이었다. 몇 군데 방앗간을 찾아갔지만 결과는 마찬가지였다. 수소문 끝에 장흥 천연자원센터에서 몇 가지 실험을 진행할 수 있었다. 다행히 아미그달린이 검출되지 않았다. 매실 씨의 핵 안에는 아미그달린이 들어 있지만, 오일로 분리하면 독성 성분이 남지 않는다는 사실도 확인했다.

1차 관문이었던 아미그달린은 검출되지 않았지만 2차 관문이 남아 있었다. 수유율이었다. 수유율은 원물에서 기름을 짰을 때 나오는 기름의 양이다. 원물이 100그램일 경우 짜낸 오일의 양이 20~30그램이 되어야 실험의 가치가 있었다. 만약 10퍼센트 미만이었다면 거기서 실험을 접었을 것이다. 하고 싶어도 조건 자체가 성립되지 않았기 때문이다.

이제 거칠 것이 없었다. 남은 것은 유의미한 연구 결과를 위한 적정한 양의 오일이었다. 병아리 눈곱만큼 적은 양으로 논문을 쓸 수는 없었으니까. 해마다 매실 수확 기간이 되면 아버지와 나는 매실의 씨앗을 발랐다. 데이터가 쌓일수록 박사 논문을 쓰는 일에 박차를 가할 수 있었다. 매실 씨를 화장품 원료로 쓸 수 있도록 KCID(대한민국화장품원료집), ICID(국제화장품원료집) 등록도 했다. 덕분에 화장품에 관심이 생겨 깊게 공부하는 계기가 되었다.

그 과정 중에 샴푸 개발하는 일에도 착수했다. 먼저 수제 샴푸를 만들어 수 차례 테스트를 거쳤고, 피부가 호전되는 것을 확인했다. 그리고 매실 샴푸를 만들기로 했다. 첫 시제품은 실패였다. 향이 거칠고, 거품은 잘 나는데 헹구고 나면 머리카락이 뻣뻣했다. 세정은 부드러우면서도 머리카락에 윤기를 주는 방법을 찾다가 큰 자극을 주는 강한 계면활성제 대신 저자극 세정 성분을 골랐다. 거품은 식물성 사포닌으로 보완했고, 모발과 두피가 편안한 pH 5.5 안팎을 지키는 것도 원칙으로 삼았다.

스무 번쯤 배치를 갈아엎었을 때 결정적 힌트가 나왔다. 손이 덜 따갑다는 것을 느낀 것이다. 미세하게 조합을 바꾸어 가며 연구를 계속했다. 안전 확인은 끝까지 보수적으로 했다. 원료 단계에서 아미그달린·HCN(청산 관련 성분) 잔류가 검출되지 않음을 확인하고, 반복해서 테스트했다.

5년간 연구하여 피부에 좋은 천연 매실 샴푸를 만들었다. 거품이 부드럽게 올라와 손에 착 감기고, 헹구고 나면 두피는 시원하면서도 당기지 않고, 머리카락은 미끄럽지만 기름지지 않았다. 같이 써 본 직원들이 미소를 지었다. 그 표정 하나로 몇 년 동안 흘린 땀과 수천 개의 매실을 손질하던 고생과 수십 번 반복했던 실패마저도 가치 있는 비용으로 여겨졌다. 이렇게 만든 천연 매실 샴푸를 복지재단과 노인요양시설 등에 기부했다. 피부가 약하신 어르신들에게 조금이라도 도움이 되길 바라는 마음에서였다.

교육, 산업, 문화가 K-뷰티 글로벌 허브로

순천이 가진 잠재력은 이미 여러 지표에서 확인할 수 있다. 무엇보다 뷰티 산업을 키울 수 있는 인적 기반이 탄탄하게 갖춰져 있다. 앞에서도 말한 것처럼 순천대학교, 청암대학교, 제일대학교 등 관내 3개 대학 모두가 뷰티 관련 학과를 운영하고 있다는 사실은 전국 어디서도 찾아보기 어렵다. 이는 교육과 연구, 그리고 산업 현장을 유기적으로 연결할 수 있는 구조적 토대가 이미 마련되어 있다는 뜻이다.

K-뷰티가 세계 시장에서 빠르게 성장할 수 있었던 이유도 여기에 있다. 단순히 제품의 품질이 뛰어나서가 아니라, 학문적 기반 위에 산업과 현장이 긴밀하게 연결된 '지식 – 기술 – 시장'의 선순환 구조를 구축했기 때문이다. 순천은 그 구조를 가장 현실적으로 구현할 수 있는 도시다. 제도적 기반 또한 이미 마련되어 있다. 내가 2023년 대표 발의해 제정한 '전라남도 화장품산업 육성 조례'는 창업부터 기술 개발, 브랜딩, 전문 인력 양성, 특화단지 조성까지 산업 생태계 전반을 포괄하는 내용을 담고 있다. 이는 화장품 산업이 전남 지역의 신성장 동력으로 자리 잡고, 청년 일자리의 기반이 되도록 하기 위한 실질적 토대다.

물론 아직 현실적인 격차는 존재한다. 전라남도 지역의 화장품 기업 수나 수출 규모는 수도권과 비교하면 적은 편이다. 그러나 변화의 조짐은 뚜렷하다. 2023년 전라남도의 화장품 수출액은 전년 대비 85.9퍼센트 증가한 826만 달러를 기록하며 가파른 성장세를 보였다. 특히 미국(41.3퍼센트), 러시아(16.6퍼센트), 중국(12.3퍼센트) 등 주요 해외 시장에서 눈에 띄는 성과를 거두며, 세계 무대에서 '전라남도'라는 이름을 확인하는 일이 더 이상 낯설지 않은 일이 되었다.

순천시는 산업 현장을 뒷받침하기 위한 실천적 노력도 계속 이어 왔다. 대표적인 것이 2015년부터 매년 개최하는 'K-뷰티 페스타'다. 이 행사는 단순한 산업 전시회를 넘어 학생, 전문가, 지역 기업, 시민이 한자리에 모여 산업의 현재와 미래를 함께 경험하는 장이 되고 있다. 뷰티 경연대회, 산업전, 일자리 박람회, 시민 체험 프로그램까지 어우러진 이 축제는 교육과 산업, 일자리를 잇는 중요한 플랫폼으로 자리 잡았다.

더 나아가 올해 10월에는 중국 뷰티 산업 바이어들이 K 뷰티 관련 교육을 받고 실습 체험의 기회를 가졌다. K 뷰티의 수준 있는 교육에 매우 감탄했으며, 앞으로 더 많은 중국인 유학생을 보내고 싶다고 했다. 특히 아시아 주요 여행사가 순천을 찾아 K 뷰티 산업에 높은 관심을 보였다.

이제 순천이 나아가야 할 방향도 한층 더 명확해졌다. 무엇보다 먼저 외국인 유학생 유치 전략을 체계화해야 한다. 단기 연수 수준에 머무는 프로그램을 넘어, 2년에서 최대 10년에 이르는 장기 유학 모델을 구축해 지역 정착과 인구 유입 효과를 동시에 거둘 수 있는 정착형 모델을 마련해야 한다. 순천에서 교육받은 유학생들은 개인의 역량을 넘어 K-뷰티의 기술과 문화를 세계로 확산시키는 글로벌 인재로 성장할 수 있다.

둘째, 청년들의 글로벌 취업 기회 확대에 집중해야 한다. 해외 서비스업, 크루즈 산업, 뷰티 전문 브랜드 등은 이미 K-뷰티 기술과 언어 능력을 겸비한 인재를 필요로 하고 있다. 순천에서 배움을 얻은 청년들이 세계 무대에서 더 높은 보수를 받으며 활약한다면, 이는 개인의 성공을 넘어 지역 경제 전체에 새로운 활력을 불어넣을 것이다. 이러한 글로벌 진출 경험은 훗날 고향으로 돌아와 창업, 교육, 컨설팅으로 이어지는 선순환 구조를 만드는 중요한 자산이 된다.

셋째, 문화와 관광을 연계한 K-뷰티 클러스터 조성이 필요하다. 화장품과 뷰티 산업은 단순한 제조업을 넘어 훌륭한 문화산업이자 관광 자원으로 확장될 수 있다. K-팝, K-드라마와 함께 세계인이 찾는 'K-뷰티 체험 코스'를 순천에서 만들어 낸다면, 순천은 교육·산업·관광이 융합된 세계적인 뷰티 도시로 도약할 수 있다.

한국은 젓가락 문화에서 비롯된 정교한 손기술과 섬세한 미적 감각을 지닌 나라다. 이 문화적 DNA는 뷰티 산업의 경쟁력으로 이어지고 있다. 이러한 문화적 자산을 계승하고 확장해 순천이 K-뷰티 산업의 중심지로 자리 잡는다면, 전라남도는 새로운 성장 동력을 확보할 뿐 아니라, 세계 시장에서 존재감을 키울 수 있다.

앞으로 순천은 교육과 산업, 문화와 관광이 유기적으로 연결되는 융합의 무대로 발전할 것이다. 지역 대학과 기업, 연구소, 시민이 함께 만들어 가는 이 무대 위에서, 세계 각국의 청년들이 순천에서 배우고 세계로 진출한 뒤 다시 이곳으로 돌아와 지역과 호흡하는 선순환의 미래가 실현되기를 기대한다. 그 미래는 결코 먼 이야기가 아니다. 이미 우리는 그 출발선 위에 서 있다.

순천 시민이 함께 만들어 가는 ———
뷰티 정책

여러 번 강조한 것처럼 뷰티 정책은 미용 산업에만 국한되지 않는다. 세계가 인정하는 정밀한 기술력 Beauty, 적재적소에 필요한 돌봄 Care, 그리고 지역 경제의 순환 Economy이 함께 어우러지는 구조를 만들어야 한다. 기술은 사람에게 닿을 때 의미가 있고, 돌봄은 생활을 바꿀 때 진짜 돌봄이 되며, 경제는 이익이 다시 지역으로 돌아올 때 완성된다. 이 세 갈래를 하나의 순환 고리로 연결할 수 있을 때 비로소 뷰티 정책은 성공적으로 안착할 수 있을 것이다.

10년 전만 해도 K-뷰티 붐이 이렇게까지 커질 줄은 예상하지 못했다. K-뷰티는 현재 이재명 대통령 공약에도 상세히 포함되어 있다. 그렇다면 10년 후 순천이 전 세계인이 찾아오는 뷰티 산업의 메카가 되는 것도 가능하지 않을까. 우선 순천의 지리적 조건은 대농을 할 수 있는 여건이 충분하다. 고급 화장품을 만드는 데 필수인 품질 높은 천연원료를 생산할 수 있는 천혜의 조건을 갖추고 있다. 세계적인 화장품 기업들조차 원료동을 자체 보유한 경우가 드문데 순천은 이를 실현할 수 있는 잠재력을 지닌 도시다. 그렇기에 순천에 대기업을 유치해서 세계적인 뷰티 사업의 허브로 만들고자 한다.

현재 어려움을 겪고 있는 쓰레기 소각장을 천연 원료동과 스마트 팜smart farm 으로 연계해서 소각장에서 발생하는 열·융합 에너지를 원료동의 에너지원으로 이용하는 방안도 모색 중이다. 현재 정원 박람회 근처에 짓는다는 등 협의에 이르지 못한 채 논란이 많은데 내 원칙은 분명하다. 순천 시민이 원하는 공간을 확보해서 한다는 것이다.

또한 세계적인 뷰티 시티의 허브가 되려면 교통 문제를 해결해야 한다. 하늘길을 뚫고 바닷길을 열어야 하는 이유다. 무안공항으로 비행기가 들어오고 광양과 여수 항만을 통해 크루즈가 들어온다면 하루 2~3천 명씩 입국이 가능하다. 외국의 작은 도시 중 특화된 문화사업으로 세계인의 발길을 끄는 사례는 얼마든지 많다. 순천 역시 잠재력으로는 절대 뒤지지 않는다.

현재 구도심 패션 거리를 뷰티 거리로 만들어 화장품뿐만 아니라 전라남도에서 생산되는 식품, 가공품, 화장품, 의약외품 등을 홍보하고 판매할 수 있는 특화 공간으로 만들고자 한다. 비어 있는 공간은 체험관으로, 한계가 있는 건물은 관광, 마사지, 숙박 공간으로 리모델링해 지역경제의 선순환을 촉진할 수 있을 것이다.

뷰티 정책은 지역의 자원을 순환시킨다. 지역에서 나온 재료를 가공하고, 지역의 손으로 서비스하며, 이익의 일부를 다시 지역의 배움과 복지에 환원하는 구조다. 그렇기에 뷰티 정책은 공허한 문구가 아니라 지속 가능한 현실이 되어야 한다. 순천의 시민은 정책의 수혜자이며 공동 설계자다. 누군가 만들어 주는 정책이 아니라 우리가 함께 만들어 가는 정책이 탄생할 때, 그것은 고스란히 순천의 자랑이 될 것이다.

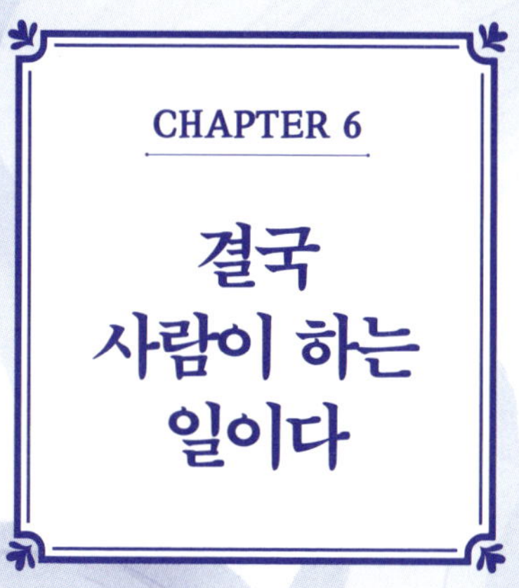

"사람을 남기는 정치는 도시를 살아 있게 하고,
그 사람이 다시 사람을 키우며 도시의 미래를 만든다.
정치의 진짜 성과는 눈에 보이는 시설이나 숫자가 아니라,
그 속에서 자란 사람이다.
정치가 남기는 최고의 유산은 언제나 사람이어야 한다."

더티한 정치할래,
뷰티한 정치할래?

정치에 대한 ———
이중적 태도

정치는 필요하다고 말하면서도, 막상 가까이 다가가려면 선뜻 마음이 내키지 않는다는 사람들이 많다. 어린 시절부터 "정치는 아무나 하는 게 아니다"라는 말을 들었고, 선거에는 돈과 인맥, 오랜 경험이 필요하다고 배워 왔기 때문일 것이다. 어느 정도 사실이지만, 그 말이 전부는 아니다.

정치는 '그들만의 일'이기 전에 '우리의 삶'과 맞닿아 있다. 오늘의 통학로, 내일의 병원 대기 시간, 창업 지원의 문턱, 늦은 밤 골목길을 밝히는 가로등에 이르기까지 자세히 들여다보면 정치와 연관되지 않은 게 거의 없다.

개인의 노력과 사회의 제도는 서로를 보완한다. 좋은 의도는 제도를 보호하고, 제도가 갖춰질수록 개인의 선의는 더 멀리 간다. 한 사람의 선행이 하루의 따뜻함을 만든다면, 제도는 그 따뜻함을 매일의 일상으로 바꾸어 준다. 우리가 정치에 관심을 가져야 하는 이유는 결국 내 삶을 오래 지키는 방법이기 때문이다.

정치를 멀리하게 만드는 또 다른 이유는 익숙한 장면들 때문이다. 고성과 비난, 소모적인 진영 싸움, 결과보다 말의 세기가 주목받는 장면을 보면서 '정치는 필요악'이라는 체념이 마음속에 자리 잡아 버린 것이다. 우리 정치가 언제나 공명정대했다고 말하기는 어렵지만, 그렇다고 해서 '그런가 보다'로 멈출 필요는 없다.

더티한 정치만 있는 것은 아니다. 차분히 설명하고, 서로를 존중하며, 절차대로 문제를 푸는 '뷰티한 정치'도 분명 가능하다. 내가 말하는 '뷰티'는 겉모습만 그럴듯하게 꾸미는 것이 아니다. 투명한 구조와 절차, 상대를 존중하는 언어와 태도를 갖춘 정치다.

"돈과 인맥이 없으면 정치할 수 없다"라는 믿음 또한 사람들을 정치로부터 멀어지게 하는 이유다. 물론 선거에는 자원이 필요하다. 그러나 자원이 모이고 쓰이는 과정과 결과를 깨끗하게 만드는 일 또한 정치의 몫이다. 소액 후원을 투명하게 관리하고, 사적 이권 개입을 방지하고, 개인적 인맥보다 공개된 기록과 데이터로 후

보를 평가하는 제도를 세워야 한다. 결국 정치의 품질을 좌우하는 것은 '은밀한 거래'가 아니라 '공정한 절차'다. 더티한 정치는 은밀함에 기대고, 뷰티한 정치는 공정함을 만든다.

정치 참여는 생각보다 가까운 곳에 있다. 의회 회의록을 읽어보거나 지역 예산서에서 내 생활과 맞닿은 항목을 찾아보는 일. 학교, 보건소, 도서관, 시장, 공원에서 느낀 불편을 "왜 이렇게 되었을까?", "어디가 막혀 있을까?"라는 질문으로 바꾸는 일. 그 질문이 정책의 문장으로 번역될 때, 정치는 누구나 쓸 수 있는 '공공의 영역'이 된다.

정치는 그들의 무대가 아니라 우리의 일상이다

정치에 입문하기 전부터 나는 내가 만나는 사람들과 내가 사는 곳을 더 아름답게 만드는 일에 관심을 기울여 왔다. 미용사로 일할 때는 개인의 스타일을 아름답게 다듬었고, 정치인이 된 후에는 지역을 아름답게 가꾸는 일을 하고 있다.

지금 나는 더 큰 거울 앞에 서 있다. 그 거울엔 내 얼굴이 아니라 순천의 얼굴이 비친다. 깨끗한 거리, 환하게 불 켜진 시장, 일자리를 찾은 청년, 편히 병원에 가는 어르신, 안전하게 뛰노는 아이들. 그 모든 풍경이 정치의 결과다.

그렇다면 정치는 누구의 일일까. 정치인은 의회에서 일하지만, 정치의 결과는 우리가 사는 골목마다 스며 있다. 아침에 타는 버스의 요금, 집 앞 가로등의 밝기, 학교 급식의 질, 병원 진료비, 청년의 월세 보조금. 이 모든 게 결국 정치의 손끝에서 만들어진다. 그래서 나는 이렇게 묻고 싶다.

"더티한 정치할래, 뷰티한 정치할래?"

이건 정치인에게만 던지는 말이 아니다. 정치란 결국 우리가 함께 만들어 가는 공기 같은 것이기 때문이다. 물을 마시듯, 공기를 마시듯, 우리는 매일 정치 속에서 숨 쉬며 산다. 정치를 떠나 살 수 있는 사람은 아무도 없다.

그런데도 많은 사람들이 정치 이야기를 하면 얼굴을 찡그린다.

"정치는 더럽잖아요."

그 말에 고개를 끄덕이면서도 마음 한편은 늘 아쉽다. 물이 탁하다고 해서 마시지 않을 수는 없듯, 정치가 마음에 들지 않는다고 해서 외면하면 더러움은 짙어질 뿐이다. 탁한 물을 맑히는 일, 바로 그것이 시민의 몫이다. 우리가 외면하지 않을 때, 정치는 조금씩 투명해진다.

내가 말하는 '뷰티한 정치'는 거창한 말이 아니다. 사람들이 희망을 품을 수 있는 교육, 아플 때 덜 불안한 의료, 일자리가 있는 지역 경제, 서로를 존중하는 다문화 정책, 내일을 계획할 수 있는 소상공인 정책. 이 모든 게 뷰티한 정치의 얼굴이다.

정치란 결국 사람의 일이다. 우리의 생활이 조금이라도 더 괜찮아지게 하는 일, 그게 정치다. 정치는 멀리 있지 않다. 매일 마주치는 이웃의 얼굴, 골목의 냄새, 아이들의 웃음 속에 있다. 길가의 나무가 건강하게 자라고, 마을버스가 정시에 오는 것도 모두 누군가의 정책과 판단으로 이루어진 일이다.

정치는 특별한 사람들이 하는 어려운 일이 아니라, 우리의 일상과 함께 움직이는 살아 있는 일이다. 나는 미용사였을 때나 정치인인 지금이나 결국 같은 일을 하고 있다고 생각한다. 사람의 삶을 조금 더 밝게, 조금 더 편하게, 조금 더 행복하게 만드는 일 말이다.

우리는 종종 정치가 '그들만의 무대'라고 생각하지만, 정치는 우리가 살아가는 세상의 '조명'과도 같다. 조명이 꺼지면 무대는 어둡고, 그 어둠 속에서는 어떤 배우도 제대로 설 수 없다. 정치가 어두워지면 우리의 일상도 불편해진다. 그러니 정치의 밝기를 높이는 일은 결국 시민의 몫이다. 누가 대신해 주는 일이 아니라, 우리가 함께 만들어 가는 삶의 방식이다.

정책보다 사람이
우선되어야 한다

현장에서 ——
답을 찾는 정치

정치는 결국 삶을 다루는 일이다. 책상 위에서 쓰인 문서가 아니라 골목과 시장, 버스 정류장, 학교 교실 같은 현장에서 살아 숨 쉬는 사람들의 하루가 정치의 무대다.

그래서 정치의 답은 언제나 사람에게 있고, 그 사람을 만날 수 있는 곳이 곧 현장이다. 그곳에서 듣는 목소리는 숫자나 보고서보다 훨씬 진실하고, 현실의 질감에 더 가깝다. 탁상에서 만든 정책이 종종 삶의 결을 비껴가는 이유는, 삶이 보고서의 평균값이 아니라 각자의 이름을 가진 구체적인 얼굴로 존재하기 때문이다.

도의원이 된 이후에도 내가 가장 자주 향한 곳은 회의실이 아니라 현장이었다. 미용실에서 만난 청년 창업자의 고민, 골목 상점에서 들은 자영업자의 한숨, 학부모들이 전한 학교의 불편함 같은 이야기들은 한 줄의 통계보다 훨씬 깊은 울림을 주었다. 행정 문서에서는 보이지 않던 문제가 사람들의 일상에서는 선명하게 드러났다.

정치가 책상 위에서만 움직인다면 시민의 현실은 언제나 한발 앞서 있고, 제도는 한발 늦을 수밖에 없다. 현장에서 답을 찾는 정치는 이 간극을 좁히는 유일한 방법이다.

현장은 늘 예상 밖의 것을 보여 준다. 계획 단계에서는 사소해 보였던 문제가 시민의 삶을 무겁게 누르고 있기도 하고, 숫자로는 미미해 보였던 정책이 누군가에게는 인생을 바꿀 기회가 되기도 한다.

그런 점에서 정치는 현장에 발을 딛는 순간부터 달라진다. 정책이 종이에 머물지 않고 살아 있는 시스템이 되기 위해서는, 시민의 언어로 듣고 말하는 시간이 반드시 필요하다. 현장에는 보고서로는 들을 수 없는 한숨과 웃음, 두려움과 기대가 있다. 그 감정의 온도를 읽지 못하면 아무리 정교한 계획이라도 사람의 마음을 움직일 수 없다.

정책을 만드는 과정에서도 마찬가지다. 기획 단계부터 시민이 참여하고, 실험 단계에서 피드백을 받고, 실행 단계에서 다시 조율하는 과정이 필요하다. 이는 단순히 행정 효율의 문제가 아니라 민주주의의 기본 원리다. 행정이 시민에게 '내려 주는' 구조에서 벗어나, 시민과 함께 '만드는' 구조로 바뀔 때 정책은 비로소 생명력을 가진다. 현장에서 시작된 정책은 시행착오가 적고, 문제가 생겨도 빠르게 수정된다. 무엇보다 시민의 일상을 실제로 바꾸는 힘이 있다.

정치는 결국 사람의 문제다. 그리고 사람의 문제는 현장에서만 들을 수 있다. 그래서 정치인은 끊임없이 현장을 돌아야 한다. 시장의 공기와 버스의 속도, 골목의 냄새, 사람들의 말투 속에서 정책의 실마리를 찾아야 한다. 현장에서 듣는 말 한마디가 한 권의 보고서보다 더 큰 변화를 만들기도 한다. 그렇게 만들어진 정책은 시민의 삶 속으로 스며들고, 사람들의 하루를 조금 더 편안하게 만든다.

정치는 숫자가 아니라 사람이다. 사람을 만나지 않는 정치, 현장을 모르는 정치는 결국 현실을 바꾸지 못한다. 정치가 다시 사람에게로 돌아갈 때, 정책은 종이 위의 문장이 아니라 삶을 지탱하는 힘이 된다. 그리고 그 힘이 쌓일 때 비로소 정치는 사람의 하루를 바꾸고, 도시의 내일을 만들어 가는 일이 된다.

정책이 아무리 훌륭해도 사람과 사람 사이의 관계가 끊어지면 현실에서 작동하지 않는다. '제도 만드는 일'을 정치라고 생각하기 쉽지만, 사실 제도가 제대로 힘을 발휘할 수 있게 만드는 것은 사람이다. 제도는 관계를 대신할 수 없고, 관계를 떠난 제도는 생명력을 잃는다. 아무리 정교한 법과 조례라도 사람들의 신뢰가 없다면 실행의 현장에서 멈춰 선다. 결국 정치는 제도를 설계하는 기술이기 이전에 사람 사이의 거리를 좁히고, 신뢰를 쌓는 기술이다.

현장에서 마주한 시민들의 목소리는 하나같이 '제도만으로는 해결되지 않는 문제'를 품고 있었다. 장애인 편의시설 확충 요구 뒤에는 행정기관과의 소통 단절이 있었고, 소상공인 지원책 문제 속에는 부서 간 연결의 부재가 숨어 있었다. 단순히 예산을 늘리거나 규정을 바꾸는 것만으로는 해결되지 않는 복잡한 문제들이다. 행정과 시민 사이의 관계가 단절되어 있으면, 그 틈새로 정책은 빠져나간다.

진짜 정치의 역할은 이 틈을 메우는 일이다. 행정과 시민, 제도와 삶, 공공과 개인 사이의 거리를 좁히고 서로의 언어를 번역하는 다리가 되는 것. 그 다리가 놓여야 정책이 제 기능을 발휘한다. 그래서 나는 늘 '무엇을 만들 것인가'보다 '누구와 연결할 것인가'를 먼저 고민한다. 행정과 시민이 얼굴을 알고, 신뢰를 쌓고, 서로를 이해하기 시작할 때 비로소 제도는 뿌리를 내리고 살아 움직인다.

이 관계는 위에서 아래로만 흐르는 것이 아니다. 시민 간의 관계, 행정과 지역 공동체의 관계, 기업과 학교, 기관과 기관 사이의 연결망이 서로 촘촘히 얽혀 있어야 도시가 유기적으로 움직인다. 그 연결이 약할수록 정책은 흩어지고, 제도는 제자리에서 길을 잃는다. 반대로 관계가 튼튼할수록 작은 정책도 큰 변화를 만든다. 단순한 보조금 사업 하나가 누군가의 삶을 지탱하는 힘이 되고, 한 장의 안내문이 공동체를 하나로 묶는 계기가 된다.

관계가 먼저라는 말은 곧 '정치의 속도가 사람의 속도와 같아야 한다'라는 뜻이기도 하다. 제도는 계획대로 움직이지만, 사람의 삶은 그렇지 않다. 삶에는 변수가 많고, 감정과 사정은 언제나 예상 밖이다. 그래서 정책이 삶 속 깊이 스며들려면, 그 변화를 기다리고 조율하는 관계가 있어야 한다. 신뢰가 없는 제도는 강요가 되고, 강요는 저항을 낳는다. 그러나 신뢰 속에서 만들어진 제도는 시민이 자발적으로 지키고 확장시킨다.

나는 정치를 거대한 설계도가 아닌 사람과 사람 사이에 다리를 놓는 세심한 일이라고 생각한다. 그 다리가 있어야 제도가 현실을 건너 가고, 시민의 삶으로 들어간다. 정치가 제도만을 바라볼 때 도시는 멈추지만, 관계를 바라볼 때 도시는 움직인다. 그래서 나는 제도보다 먼저 관계를 세우고, 문서보다 먼저 사람을 만나려 한다. 그것이 결국 정책을 현실로 만드는 가장 확실한 길이기 때문이다.

정책은 우리의 하루를 바꿔야 한다

정치는 종종 선거의 표로 말해진다. 표를 얻기 위해 정책을 내세우고, 결과를 숫자로 평가한다. 하지만 정책이란 본질적으로 표를 얻기 위한 수단이 아니다. 정책의 가치는 선거 결과가 아니라 그 정책이 한 사람의 하루를 얼마나 낫게 만들었는가로 증명된다. 표는 순간이지만, 삶은 지속된다. 정치가 표만 바라보면 표를 얻고도 사람을 잃지만, 사람을 향하면 표는 자연스럽게 따라온다.

아침에 눈을 떴을 때 느끼는 삶의 무게가 조금 덜해지고, 출근길이 덜 불편해지고, 저녁 식탁에 앉은 가족의 표정이 조금 더 편안해지는 것. 그것이 정책이 가진 힘이고, 정치가 존재하는 이유다. 나는 늘 묻는다.

"이 정책이 사람의 하루를 바꾸고 있는가?"

숫자나 통계로는 측정되지 않더라도 삶의 결이 바뀌고 있다면, 그것이야말로 성공한 정책이다. 현장에서 만난 사람들의 이야기를 떠올리면 이 진실이 더 분명해진다. 버스 노선을 조금 바꿨을 뿐인데, 매일 병원에 다니던 어르신의 하루가 달라졌다고 했다. 신호등의 점멸 시간을 3초 늘렸을 뿐인데, 아이를 데리고 건너는 부모의 마음이 한결 안심이 되었다. 행정의 입장에서는 사소한 변화지만, 그 사소함이 누군가에게는 하루 전체를 뒤바꾸는 사건이 된다. 정책의 크기를 결정하는 것은 금액이나 규모가 아니라 그 정책이 사람의 삶에 닿는 깊이다.

그러기 위해서는 '사람을 중심에 둔 시선'이 필요하다. 정책의 출발점이 표 계산이나 효율성이 되어서는 안 된다. 어떤 정책이든 그 안에는 반드시 구체적인 얼굴이 있어야 한다. 이 정책이 누구의 삶에 닿을 것인지, 그 사람의 하루를 어떻게 달라지게 할 것인지에 대한 상상력이 필요하다. 그래야 정책이 공허한 약속이 아니라, 삶을 움직이는 힘이 된다.

정책이 표가 아니라 삶을 향할 때 정치도 달라진다. 숫자를 채우는 정치에서 마음을 채우는 정치로, 단기 성과를 쫓는 정치에서 지속 가능한 변화를 만드는 정치로 나아간다. 시민은 정책을 분석표로 기억하지 않는다. 그 정책이 자신의 하루를 어떻게 바꾸었는

가로 기억한다. 작은 불편이 사라지고, 오래된 문제가 풀리고, 삶의 질이 조금이라도 나아졌을 때 사람들은 정치가 자신 곁에 있다고 느낀다.

나는 정치를 거창한 구호가 아니라 생활의 언어로 말하고 싶다. 사람의 하루를 움직이는 정책, 눈높이에 닿는 정책, 생활 속에서 체감되는 정책이 결국 신뢰를 만든다. 신뢰가 쌓일 때 사람들은 정치에 다시 귀 기울이고, 그 정치가 만든 변화는 더 멀리, 더 오래 간다.

정치가 숫자를 위한 기술이 되어서는 안 된다. 오직 사람의 삶을 위한 일이어야 한다. 정치의 본질을 잊지 않을 때, 정책은 표를 넘어 사람의 마음을 얻고, 그 마음이 다시 도시의 미래를 바꾸는 힘이 된다. 나는 그 믿음으로 정치의 길을 걷고 싶다. 정책이 삶의 변화를 만드는 순간, 정치도 비로소 살아 숨쉬기 시작한다.

변화는 사람을
통해 온다

한 사람의 변화를 ——
도시의 변화로 키우는 법

정책이 한 사람의 일상을 바꾸기도 하지만, 때로는 한 사람이 정책을 바꾸기도 한다. 도시는 거대한 구조물처럼 보이지만, 결국 각각의 삶이 모여 만들어진 하나의 생명체다. 건물과 도로, 행정과 제도가 도시를 구성하는 외형이라면, 그 속을 흐르는 진짜 동력은 사람이다. 그래서 도시를 변화시키는 힘도 언제나 사람에게서 시작된다. 커다란 혁신도, 눈에 띄는 발전도, 결국은 작고 구체적인 한 사람의 변화에서 출발한다.

나는 현장에서 그 사실을 자주 확인한다. 처음엔 작은 배움으로 시작한 한 청년이 자신감을 얻어 창업에 도전하고, 그 가게가 또 다른 일자리와 기회를 만들며 골목을 바꾸는 모습을 수없이 봐 왔다. 기술을 배우고 사회에 첫발을 내디딘 청소년이 한 사람의 고객을 만나며 성장하고, 그 성장의 경험이 공동체를 키워 내는 연결 고리가 된다. 어느 날 문득 도시의 공기가 달라졌다고 느껴질 때, 그 변화의 뿌리를 따라가면 늘 한 사람의 결심과 실천이 자리하고 있다.

도시의 변화는 거창한 계획이나 대규모 예산만으로 이루어지지 않는다. 오히려 정책보다 더 오래가는 힘은 사람의 변화에서 온다. 작은 씨앗 하나가 숲을 만들 듯, 한 사람의 변화는 또 다른 사람의 변화를 낳고, 그것이 모여 도시 전체의 흐름을 바꾼다. 결국 정치란 그 씨앗이 자랄 수 있는 토양을 만드는 일이다. 토양이 건강하면 씨앗은 스스로 자라고, 그 씨앗이 나무가 되어 숲을 이루듯 사람의 변화도 자연스럽게 확산된다.

한 사람의 변화가 도시의 변화로 확장되려면 어떤 조건이 필요할까? 나는 세 가지를 꼽고 싶다.

첫째, 기회를 발견할 수 있는 환경이 필요하다. 변화는 의지에서 시작되지만, 의지가 자랄 수 있는 조건이 충분하게 마련되지 않으면 꺼져 버리기 쉽다. 교육, 일자리, 네트워크 등 다양한 기회의 문이 열려 있어야 사람들이 자신의 잠재력을 펼칠 수 있다.

둘째, 실패를 두려워하지 않는 문화가 자리 잡아야 한다. 사람의 변화는 직선이 아니라 곡선이며, 실패를 거듭하며 완성된다. 실패를 비난하기보다 배움의 과정으로 받아들이는 사회가 되어야 한 사람의 변화가 멈추지 않는다.

셋째, 변화를 이어 주는 연결망이 있어야 한다. 혼자만의 변화는 금세 사라지지만, 서로 연결된 변화는 파문처럼 확산된다. 행정과 공동체, 기업과 학교가 연결될 때 한 사람의 변화는 도시의 힘으로 커진다.

도시가 사람의 변화에 주목해야 하는 이유는 명확하다. 제도는 사람을 움직이는 도구일 뿐이지만, 사람은 제도를 넘어 도시의 문화를 바꾸고 역사를 만든다. 한 사람의 생각이 기술이 되고, 열정이 산업이 되며, 용기가 공동체를 지탱하는 힘이 된다. 사람을 키우는 일보다 더 강력한 도시 전략은 없다.

정치가 해야 할 일은 그 변화를 돕는 것이다. 한 사람의 가능성이 사라지지 않도록 지원하고, 작은 변화가 이어져 흐르도록 길을 열어 주는 것. 도시는 그렇게 조금씩 달라진다. 눈에 띄지 않던 작은 변화들이 쌓이고 연결되어 어느 순간 거대한 전환점이 된다.

그리고 그 변화의 시작점에는 언제나 '한 사람'이 있다. 정치가 사람에게로 돌아가야 하는 이유가 바로 그것이다. 한 사람의 오늘을 바꾸는 일이 결국 도시의 내일을 바꾸기 때문이다.

연결되는 사람, 확장되는 도시

사람의 변화가 도시를 바꾸는 씨앗이라면, 그 씨앗을 숲으로 키우는 힘은 '연결'이다. 한 사람의 변화가 아무리 귀해도, 그것이 서로 이어지지 못하면 작은 불꽃으로 그칠 뿐이다. 그러나 사람이 사람과 연결될 때 변화는 직선이 아닌 파문처럼 번져 나간다. 연결된 개인들은 서로에게 영감과 자극을 주고, 함께 문제를 해결하며, 혼자서는 도달할 수 없는 지점을 만들어 낸다. 도시의 가능성은 바로 이 '사람과 사람 사이의 관계망'에서 자라난다.

정치는 이 연결을 촉진하는 다리가 되어야 한다. 사람과 행정, 주민과 주민, 청년과 어르신, 기업과 학교, 현장과 정책이 이어질 때 도시의 역동성은 배가된다. 혼자서는 불가능했던 일이 연결을 통해 현실이 되고, 개인의 역량이 공동체의 자산이 된다. 연결이 만들어 낸 힘은 숫자로 계산하기 어렵지만, 도시를 움직이는 가장 큰 동력이다.

내가 현장에서 마주친 수많은 변화의 순간 뒤에는 늘 '연결'이 있었다. 미용 기술을 배우고 싶어 하던 청년이 지역의 장인을 만나 기술을 익히고, 그 경험이 창업으로 이어진다. 작은 창업은 지역 기업과 협업하며 산업 생태계로 확장되고, 그 산업이 다시 청년들의 일자리로 돌아온다. 이 모든 변화는 거대한 정책이 아니라 사람과 사람 사이의 연결이 만들어 낸 결과다. 연결이 있는 곳에서는 가능성이 자라고, 연결이 끊긴 곳에서는 변화도 멈춘다.

도시는 결국 수많은 관계의 총합이다. 도시의 경쟁력을 결정하는 것은 더 높은 빌딩이나 더 넓은 도로가 아니라, 사람과 사람 사이의 신뢰와 협력이다. 관계가 단절된 도시에서는 자원이 흩어지고, 서로의 역량이 닿지 못한 채 낭비된다. 반면 촘촘한 연결망이 구축된 도시는 자원이 순환하고, 역량이 유기적으로 합쳐져 새로운 힘을 만든다. 한 사람의 재능이 열 명의 삶을 바꾸고, 열 명의 아이디어가 도시 전체를 움직이는 변화를 만든다.

연결을 만드는 일은 행정만의 몫이 아니다. 주민 스스로가 이웃을 돕고, 지역 기업이 청년과 손잡고, 학교와 시민사회가 함께 프로젝트를 만들어 갈 때 도시의 연결망은 더 강해진다. 행정은 이 연결을 촉진하고 지원하는 조력자가 되어야 한다. 복잡한 절차를 줄이고, 협업을 장려하는 제도를 마련하며, 서로의 역량이 쉽게 만날 수 있는 장을 만드는 것. 그것이 정치가 해야 할 중요한 역할이다.

좋은 연결은 도시를 확장시킨다. 공간의 크기는 물론 가능성의 폭을 넓힌다. 연결된 도시에서는 지역의 문제가 곧 기회가 되고, 지역의 한계는 새로운 협력의 출발점이 된다. 사람과 사람의 연결이 많아질수록 아이디어가 많아지고, 아이디어가 많아질수록 도시의 선택지도 늘어난다. 연결이란 도시를 성장시키는 가장 인간적이면서도 가장 전략적인 방식이다.

나는 믿는다. 한 사람의 변화가 도시를 움직이는 씨앗이라면, 그 씨앗을 숲으로 키우는 힘은 결국 사람과 사람을 이어 주는 연결에서 나온다고. 연결된 도시만이 위기에 흔들리지 않고, 새로운 가능성을 품을 수 있다. 그리고 그 연결의 시작점은 언제나 사람이다. 정치는 사람과 사람을 이어 주는 다리 위에서 가장 큰 힘을 발휘한다.

사람을 키우는 정치, 사람이 남는 정치

정치란 무엇인가? 어려운 질문이지만 나는 결국 '사람을 남기는 일'이라고 생각한다. 아무리 화려한 건물과 거대한 예산을 투입해도, 시간이 지나면 제도는 바뀌고 시설은 낡는다. 그러나 한 사람의 내면에 새겨진 경험과 배움, 그리고 그 사람이 세상에 남기는 영향은 쉽게 사라지지 않는다. 그렇기에 정치가 진정으로 해야 할 일은 제도를 남기는 것이 아니라 사람을 남기는 일이어야 한다. 사람을 키우는 정치야말로 가장 오래가는 정치인 것이다.

사람이 성장하면 도시는 달라진다. 한 사람의 변화가 또 다른 사람에게 영감을 주고, 연결을 통해 공동체 전체의 에너지를 키운다. 도시를 바꾸는 진짜 힘은 외부에서 들여오는 자본이 아니라, 안에서 자라난 사람에게서 나온다. 교육이 중요한 이유도, 일자리 정책이 필요한 이유도 결국 모두 '사람'을 키우기 위한 것이다. 사람이 성장하지 않으면 정책도, 산업도, 도시도 오래가지 못한다.

나는 현장에서 '사람이 남는 정책'이 가장 강력하다는 것을 수없이 목격했다. 기술을 배워 자립한 청년이 후배를 가르치는 선생님이 되고, 소상공인 지원을 받은 가게가 지역의 청년을 고용해 새로운 기회를 만든다. 한 번의 지원이 한 사람의 인생을 바꾸고, 그 인생이 다시 공동체의 힘이 되는 것이다. 이것이야말로 정치가 만들어 내는 선순환이다.

사람을 키우는 정치는 단기 성과를 내기 어렵다. 눈에 보이는 숫자나 즉각적인 효과를 기대하기 힘들다. 그래서 더디고 느리게 느껴질 수 있다. 그러나 시간이 흐를수록 그 힘은 깊어지고, 도시는 단단해진다. 사람 중심의 정치가 만들어 낸 변화는 쉽게 무너지지 않는다. 정책이 바뀌고 제도가 달라져도, 성장한 사람은 계속해서 변화를 만들어 내기 때문이다.

사람을 키우는 정치란 단순히 교육이나 훈련의 기회를 제공하는 것을 넘어선다. 실패를 두려워하지 않는 문화, 함께 배우고 성장할 수 있는 관계망, 도전하는 사람을 응원하는 분위기를 만드는 것까지 포함한다.

정치는 이 모든 조건을 설계하고, 그 안에서 사람이 스스로 자라날 수 있도록 도와야 한다. 사람이 자랄 수 있는 환경, 자신의 꿈을 펼칠 수 있는 환경, 마음껏 배우고 가르칠 수 있는 환경을 만드는 것이야말로 가장 전략적인 정치라고 할 수 있다.

무엇보다 중요한 것은, 정치가 떠난 자리에도 사람이 남는 것이다. 정치인이 자리를 떠나도, 정책의 이름이 바뀌어도, 그 정책을 통해 성장한 사람이 그 자리에 남아 또 다른 변화를 이어 갈 수 있다면 그것이 가장 성공한 정치가 아닐까.

사람을 남기는 정치는 도시를 살아 있게 하고, 그 사람이 다시 사람을 키우며 도시의 미래를 만든다. 정치의 진짜 성과는 눈에 보이는 시설이나 숫자가 아니라, 그 속에서 자란 사람이다. 정치가 남길 수 있는 최고의 유산은 언제나 사람이어야 한다.

정치인은 동네 사람이 되어야 한다

도시 정책에 대한 생각

도시 정책은 기술과 예술의 만남이라 할 수 있다. 편리함은 물론 아름다움도 함께 갖추어야 한다. 도시는 저마다의 개성을 갖고 있어서 비슷한 듯하면서도, 똑같지는 않다. 세상에 같은 얼굴이 없는 것처럼 세상에 같은 도시는 없다.

세계적인 도시를 떠올려 보면 그 특성은 더욱 뚜렷하다. 세계적인 명소로 이름난 뉴욕, 파리, 런던, 로마 등은 이름만 들어도 단박에 생각나는 이미지가 있다. 이처럼 하나의 도시가 자신의 이름에 걸맞은 명성을 가지려면 다른 곳과 분명히 구분되는 특성이 있어야 한다. 자연, 기업, 관광, 문화유산, 패션, 음식, 공예, 예술 등 여러 가지 요소가 있겠지만 세계의 유명 도시들은 하나같이 자기만의 매력을 가지고 있다.

그렇다면 순천은 어떤 도시가 되어야 할까? 순천의 얼굴, 순천만의 개성, 세계 속의 순천으로 성장하려면 어떤 변화를 만들어야 할지 생각이 많을 수밖에 없다. 그럼에도 한 가지 기준을 지키자면 도시 정책은 우리가 살아가는 가까운 곳에서 시작되어야 한다는 것이다. 화려한 건물, 보기 좋은 이벤트, 떠들썩한 지역 축제가 그 도시를 대표할 수는 없다. 그 도시의 진짜 얼굴은 그곳에서 살아가는 사람들의 얼굴이다. 편안하고 생기 있는 시민의 표정이야말로 도시의 품격을 말해 준다.

정책을 연구하고 설계할 때 나는 항상 원경과 근경을 함께 본다. 멀게는 기후와 인구, 산업과 돌봄 같은 큰 흐름을 살피고, 가깝게는 오늘 저녁의 귀갓길과 내일 아침 통학길을 떠올린다. 멀리 보는 시선과 가까이 보는 감각이 조화를 이룰 때, 정책은 흔들려도 쓰러지지 않는다.

도시 정책은 누구의 편이 될 것인지를 묻는다. 나는 늘 이름 모를 한 사람을 떠올린다. 그 누군가는 밤늦게 귀가하는 청년이고, 유모차 대신 장바구니를 든 보호자이며, 계단 앞에서 잠시 숨을 고르는 어르신이다. 그들에게 먼저 닿는 길을 내면, 도시는 동시에 수많은 사람에게 가 닿는다. 가장 약한 고리를 보강하는 일이 결국 전체를 단단하게 만든다. 정책은 행정의 성과가 아니라, 사람들의 일상이 되어야 한다.

글로벌 리더로 성장하기 위한 노력

순천은 세계로 향할 잠재력이 큰 도시다. 내가 너무나 사랑하는 순천이 점점 더 멋진 도시로 변해 가는 것을 보며 나 또한 '글로벌 리더'로 성장하고 싶다는 꿈을 꾸게 된다.

내가 생각하는 글로벌 리더는 세계의 온갖 문제를 해결하는 위인이라기보다 지역에서 증명한 해법을 세계의 언어로 옮기고, 다시 지역으로 되돌려 주는 사람이다. 세계를 무대로 바라보되 두 발은 자신이 사는 땅에 단단히 딛고 있어야 한다고 믿기 때문이다.

나는 '국제'를 빛나는 무대 조명으로 보지 않는다. 그것은 현실적인 교류의 통로다. 순천의 방식을 다른 도시와 나누고, 그들의 배움을 다시 순천으로 가져오는 것이다. 내가 그리고 있는 일의 순서는 이렇다.

첫째, 지역과 세계를 잇는 순환 루트를 만든다. 도의회에서 축적한 현장 사례를 주제별로 묶어 분기마다 공개 세션을 연다. 이 자리엔 해외 도시의 실무자도 초대한다. 성공뿐 아니라 실패까지 전 과정을 공유할 때 아이디어가 넘치는 자리가 될 것이다.

둘째, 사람 중심의 교류를 연다. 젊은 공무원, 사회적경제 종사자, 현장 장인들이 서로의 도시에서 6주간 살아 보는 맞바꿈 연수를 만든다. 돌아와서는 "무엇을 봤나?"가 아니라 "무엇을 바꿨나?"를 이야기한다. 그들의 경험이 곧 지역의 자산이 되도록 결과를 문서와 도면으로 축적한다.

셋째, 현실 적용을 원칙으로 한다. 해외 사례를 들여올 때는 우리의 현실에 맞게 손본다. 순천의 방법을 내보낼 때도 상대 도시가 자유롭게 수정할 수 있도록 핵심 원리와 최소 요구조건만 건넨다. 똑같이 베끼는 기술이 아니라, 자기 땅에서 되살리는 능력을 존중하는 태도가 중요하며, 나는 그 태도를 전라남도의 이름으로 제안하고 싶다.

넷째, 활동의 반경을 넓힌다. 도의원으로서 내 일의 시작점은 순천이지만, 도 단위의 자원과 네트워크를 묶어 전라남도형 표준을 만들고, 이를 다른 지역과도 주고받겠다. 해안과 산, 섬과 도시가 함께 있는 전라남도의 지형은 세계 어느 지역과도 대화할 수 있는 훌륭한 교과서가 될 것이다.

마지막 다짐은 언제나 같다. 멀리 가더라도 돌아올 주소는 변하지 않는다. 내 꿈은 '글로벌 무대의 정치가'가 아니라 '글로벌 이웃을 만드는 실무자'다. 전라남도의회에서 시작한 초심을 놓치지 않고 더 열심히 배우고 묵묵히 일하겠다.

다시 동네 언니로 ──
돌아오는 시간

지역 주민들의 친근한 동네 언니였던 내가 정치인이 되었다. 멀리 있는 별이 되기 위해서가 아니었다. 오히려 누구보다 가까이에서, 손이 닿고 눈이 마주치는 거리에서 도움이 되는 일을 하고 싶어서였다.

정치가 멀리서 내려다보는 일이 아니라 곁에서 같이 걸어가는 일이라면, 나는 여전히 '언니'라는 호칭이 좋다. 그것이 나를 이 자리에 서게 한 이유였고, 앞으로도 정치의 중심을 잃지 않게 붙잡아 줄 말이기 때문이다.

물론 그것이 '오롯이 그들을 위한 것'이라고 말하면 위선일 것이다. 솔직히 말하면 그것은 나 자신을 위한 일이기도 하다. 내가 사랑하는 사람들과 내가 살아가는 도시를 더 나은 곳으로 만들기 위한 일이기 때문이다.

다시 말해, 나를 포함한 '우리'를 위한 선택이었다. 정치는 누군가를 위한 희생이 아니라 모두가 함께 잘 살아가기 위한 공동의 선택이어야 한다. 나는 그 '우리'의 한 사람으로서, 그 안에서 내 몫을 다하기 위해 정치의 길을 택했다.

일과 회의 때문에 멀리까지 다녀온 날에도, 집이 있는 동네로 돌아오면 마음이 놓인다. 골목에 들어서면 채소가게 사장님이 반갑게 손을 흔들고, 새로 생긴 카페의 막내 직원이 서툰 미소를 건넨다. 학교 앞에서 교통지도를 서는 동네 어르신은 어김없이 아이들에게 손을 흔들며 "조심히 가라"는 인사를 건넨다. 세계의 무대에서 듣고 말한 단어들은 크고 화려하지만, 내가 이곳에서 다시 꺼내는 말은 언제나 소박하다.

"오늘 하루 잘 지내셨어요?"

그 짧고 평범한 한마디가 정치의 시작이라고 믿는다. 동네 언니의 복귀는 늘 이렇게, 가장 인간적인 인사로부터 시작된다. 장황한 연설도, 복잡한 계획도 필요 없다. 내가 다시 이곳에서 제자리를 찾는 일은 그저 사람들의 일상 속으로 조용히 스며드는 일이다. 거창한 담론이 아니라 구체적인 삶의 온도에 귀 기울이는 일이다.

정치가 '큰 그림'만을 그리다가 사람들의 하루에서 멀어지는 모습을 나는 여러 번 목격했다. 좋은 뜻으로 만든 정책이 현실에서 작동하지 않는 이유는, 그것이 사람들의 체온에서 멀어졌기 때문이다. 그래서 자주 마음속에 이렇게 적는다.

"큰 것보다 가까운 것부터 먼저."

불시에 아이를 맡길 곳이 있는지, 병원 가는 길이 너무 멀지 않은지, 일자리를 찾을 수 있는지. 이 평범하고도 절실한 질문들 속에 정치의 출발점이 있다. 나는 그 낮은 곳부터 차근차근 살피고 싶다. 그것이 진짜 정치가 가야 할 방향이기 때문이다.

갈등이 생길 때면 서두르지 않는다. 상대의 이야기를 먼저 듣고, 다투기보다 '해결'에 집중한다. 의견이 다르다고 해서 적이 되는 것이 아니고, 생각이 다르다고 해서 손을 잡지 못하는 것도 아니다.

"우리 함께 이렇게 해 봅시다."

이 말이 입 밖으로 나오는 순간, 정치의 주어는 '정치인'에서 '우리'로 바뀐다. 그리고 그 순간부터 정치는 다시 살아 움직이기 시작한다.

나는 내 이름이 치적으로 남는 것에는 관심이 없다. 대신 내가 사랑하는 순천의 이름이 오래 남기를 바란다. 내가 아닌 이 지역 주민들이 기억되기를, 내가 만든 정책이 아니라 그 정책으로 달라진 삶이 기억되기를 바란다. 그것이 진짜 정치의 성과라고 믿는다.

앞으로도 내 치적을 남기려고 애쓰지 않고, 지킬 수 있는 약속을 남기려고 노력하고 싶다. 정치가 흔히 사람 위에 군림하는 권력으로 보이지만, 내가 꿈꾸는 정치는 그 반대다. 사람 속으로 들어가 사람 곁에서 작동하는 힘이 되어야 한다고 믿기 때문이다.

그렇기에 나는 '사람을 살리는 정치인'이고 싶다. 동시에 '사람 속에서 살아가는 정치인'으로 남고 싶다. 화려한 말보다 조용한 실천으로, 멀리서 명령하는 정치가 아니라 가까이서 함께하는 정치로 사람들의 삶을 조금이라도 나아지게 하는 것. 그것이 내가 이 길을 선택한 이유이고, 앞으로도 흔들리지 않고 지키고 싶은 강한 신념이다.

정치는 사람이 만들고, 사람이 움직이고, 사람이 완성한다. 그래서 오늘 나의 하루도 사람에게서 시작해서 사람에게로 돌아간다. 거창한 구호가 아니라 "잘 지내셨어요?"라는 인사로, 거대한 담론이 아니라 아이의 하굣길과 시장의 골목길에서부터. 그렇게 한 걸음 한 걸음 사람 곁을 지켜 가는 정치, 그것이 내가 평생 하고 싶은 정치다.

마음을 보듬는 일

돌아보면 내 인생의 모든 자리는 언제나 '사람과 사람' 사이에 있었다.

미용인이었을 때, 한 사람의 머리를 다듬으며 그날의 무게를 함께 나누었다. 말없이 머리를 감기는 짧은 순간에도 손끝으로 전해지는 온기가 있었다. 그 온기를 느끼고 마음을 다독이는 일, 그것이 내게는 미용이었다.

이제 정치인의 자리에서도 나는 여전히 '사람과 사람' 사이에 서 있다. 정책은 문서 속 문장이 아니라, 사람들의 삶 속에서 피어나는 신뢰와 공감의 결과물이다. 정치는 머리로 계산하는 일이 아니라, 마음으로 듣고 손으로 건네는 일이다. 날카로운 말과 차가운 현실 속에서도, 마음은 언제나 다정한 곳을 향해 움직인다. 우리에게는 여전히 따뜻한 손길과 온화한 눈빛이 필요하다.

미용과 정치, 비록 겉모습은 다르지만 본질은 같다. 결국 둘 다 사람의 마음을 보듬는 일이다.

미용실에서 마주했던 수많은 얼굴들이 내게 가르쳐 준 것은 기술이 아니라 '태도'였다. 한 사람의 이야기를 진심으로 들어주는 시간, 그 순간의 진심이 마음을 움직이고 세상을 바꿀 수 있다는 것. 그 작은 움직임이야말로 모든 변화의 출발점이었다.

정치는 그 마음을 더 넓은 세상으로 옮겨 놓는 일이다. 거창한 담론이 아니라, 누군가의 삶을 향한 다정한 인사이자 길 위에서 마주친 눈빛 속의 공감이며, 힘든 순간 내민 손을 잡아 주는 따뜻한 동행이다. 그래서 나는 오늘도 사람들의 이야기를 듣는다. 그 이야기가 향할 길을 함께 찾아가는 것이 내 일이다.

훗날 누군가 내 이름을 떠올릴 때 '그는 사람의 마음을 보듬어 주던 사람'이라고 기억해 준다면 그것으로 충분하다. 예나 지금이나 한결같은 마음으로 믿고 지지해 주시는 모든 분들에게 감사의 인사를 전한다.

"여러분 덕분에 여기까지 올 수 있었습니다. 감사합니다."

동네 언니, 정치하러 갑니다

초판 1쇄 인쇄 2025년 12월 10일
초판 1쇄 발행 2025년 12월 20일

글 한숙경
펴낸이 정은선
기획 이진아콘텐츠컬렉션

펴낸곳 스피어인
출판등록 제2025-000020호
주소 서울특별시 창경궁로 253-7, 2층 61호
이메일 biz@spherein.co.kr

ISBN 979-11-993818-7-2 03300